LES INSTITUTIONS DE MICROFINANCE (IMF)

Auteur : Kawele Kouadio- Économiste de développement- expert analyse crédit
Email : kawele86@gmail.com- Téléphone : +22549540122

SOMMAIRE

Auteur : Kawele Kouadio- Économiste de développement- expert analyse crédit
Email : kawele86@gmail.com- Téléphone : +22549540122

DEUXIEME PARTIE : CONTRÔLE INTERNE

INTRODUCTION

CHAPITRE I : MICROFINANCE

SECTION I : Présentation des institutions de microfinance

A- Historique
1- Genèse

B- Objectifs et caractère social
1- Objectifs
2- Caractère social

C- Les principaux produits des IMF
1- Les produits financiers
2- Les produits non financiers
3- Ouvertures des comptes
4- Méthodes du calcul des intérêts

SECTION II : Analyse externe et interne

1- Environnement concurrentiel
2- Analyse externe
3- Analyse interne

SECTION III : Contrôle interne

1- Service contrôle général
2- La pratique du contrôle interne
3- Le processus de contrôle interne des activités
4- Le contrôle des opérations comptables
5- Analyse des journées comptables
6- Le contrôle comptable des comptes : le rapprochement bancaire
7- Le contrôle physique de caisse
8- Le contrôle lié à l'informatique
9- Le contrôle de sécurité

Auteur : Kawele Kouadio- Économiste de développement- expert analyse crédit
*Email : kawele86@gmail.com- **Téléphone : +22549540122***

CHAPITRE II : LA CONCEPTION D'UN MANUEL DE PROCEDURE

SECTION I : Procédure de caisse

SECTION II : Procédure de contrôle des engagements

1- Administration du crédit
2- Analyse du crédit
3- Remboursement
4- Contrôle de provision
5- Abandons des créances

Auteur : Kawele Kouadio- Économiste de développement- expert analyse crédit
Email : kawele86@gmail.com- Téléphone : +22549540122

TROISIEME PARTIE : RECOUVREMENT DES IMPAYES

CHAPITRE 1 : LE RECOUVREMENT DES CREANCES EN SOUFFRANCE

1- Constatation des impayés
2- Classification des crédits en créance en souffrance ou douteux
3- Traitements des provisions
4- Traitements des abandons de créance
5- Mesure à prendre à titre préventif
6- Actions commerciales et procédures de recouvrement
7- Les conséquences des impayés sur la trésorerie

Auteur : Kawele Kouadio- Économiste de développement- expert analyse crédit
Email : kawele86@gmail.com- Téléphone : +22549540122

REMERCIEMENT

Cet ouvrage a été élaboré sur la base de mes cours du master administration du développement économique et de mes expériences au sein des institutions de microfinance (IMF).

Je tiens à remercier tous le personnel d'atlantique microfinance pour leur contribution et pour leur relecture exigeante et attentive ainsi que pour leurs critiques constructives.

Mes pensées vont aussi à l'égard de mes professeurs et à mes amis qui m'ont abreuvé de sources pertinentes et d'idées judicieuses.

Auteur : Kawele Kouadio- Économiste de développement- expert analyse crédit
Email : kawele86@gmail.com- Téléphone : +22549540122

PREMIERE PARTIE : GESTION DES ACTIVITES DES IMF

Auteur : Kawele Kouadio- Économiste de développement- expert analyse crédit
Email : kawele86@gmail.com- *Téléphone : +22549540122*

INTRODUCTION

Au cours des vingt-cinq dernières années, la microfinance a évolué de façon considérable, se formalisant dans plusieurs régions du monde, et développant ainsi de nouveaux services. De plus en plus, les cloisons qui la séparaient de l'ensemble du système financier commencent à s'estomper. La finance rurale, réputée poser plus de difficultés que la finance en milieu urbain, a connu un mouvement de renouvellement parallèle. Ces changements notables sont illustrés par trois exemples qui présentent les nouveaux enjeux de la microfinance dans des aires géographiques différentes. À cet égard, l'Inde présente une formule d'adossement bancaire de certains groupes de microfinance, exploitée par certaines banques pour se positionner dans les milieux ruraux peu bancarisés et moins concurrentiels, améliorant de ce fait l'accès aux services financiers des ruraux. De même, au Brésil, le programme national de renforcement de l'agriculture familiale soutient l'accès au crédit des plus pauvres. Enfin, l'Afrique de l'Ouest apporte un éclairage complémentaire. Dans cette région, étendre l'accès aux services financiers, via les institutions de microfinance, tout en maintenant et en améliorant leur pérennité, est l'un des principaux défis à relever.

Cette partie a but d'apporter quelques éléments de réponse quant au maintien et à l'amélioration de la pérennité des microfinances tant en Afrique et dans le monde en fournissant les informations nécessaires sur la microfinance telles que la gestion des risques de crédit, les techniques de gestion de portefeuille, les garanties : moyen de se couvrir des risques crédit et le recouvrement des créances en souffrance. Il permet à toutes personnes intervenant ou qui veut être expert dans le domaine des SFD d'être mieux outillées pour une bonne gestion de ces institutions et du portefeuille crédit.

Auteur : Kawele Kouadio- Économiste de développement- expert analyse crédit
Email : kawele86@gmail.com- Téléphone : +22549540122

CHAPITRE 1 : DEFINITION DE LA MICROFINANCE

AVANT DE COMMENCER IL FAUT CONNAITRE LE « RECUEIL DES TEXTES LEGISLATIFS ET REGLEMENTAIRES APPLICABLES AUX SYSTEMES FINANCIERS DECENTRALISES »

1- Définition

Les institutions de microfinance ont pour vocation de permettre à des agents économiquement faibles d'avoir accès à des services financiers pour améliorer leurs activités et/ou leur confort social. A cet effet elles jouent comme les banques un rôle d'intermédiation financière, entre les agents à capacité de financement et ceux qui expriment un besoin de financement.

"Système Financier Décentralisé ou SFD " : institution dont l'objet principal est d'offrir des services financiers à des personnes qui n'ont généralement pas accès aux opérations des banques et établissements financiers tels que définis par la loi portant réglementation bancaire et habilitée aux termes de la présente loi à fournir ces prestations.

Ces établissements peuvent effectuer certaines opérations connexes à leur activité. Les SFD peuvent exister sous les formes suivantes : banque mutualiste ou coopérative, caisse d'épargne, -caisse de crédit municipal, société financière ou institution financière spécialisée.

2- Les activités des institutions de microfinance

Les institutions de microfinance sont de deux types. Certaines font de l'épargne – crédit et d'autres de crédit – épargne mais toutes ont pour même vocation de satisfaire les agents économiques à faible revenu.

Avant les institutions de microfinance se limitaient seulement à ses deux activités qui le crédit et l'épargne mais depuis la nuit des temps les choses ont tendance à évoluer tels que la diversification des produits et services mises à la disposition de sa clientèle. Aujourd'hui les microfinances ont plusieurs gammes de produits et services en commençant par la diversification des types de crédit, l'assurance, les sms Banking, et même la vente des cartes magnétiques.

Auteur : Kawele Kouadio- Économiste de développement- expert analyse crédit
Email : kawele86@gmail.com- Téléphone : +22549540122

1- Typologies de crédit

Plusieurs types de crédits peuvent se distinguer selon le critère retenu par l'analyste en l'occurrence : l'objet, la durée.

A-Selon l'objet du crédit

- Les crédits pour les particuliers : (personnes physiques)
- Crédit-bail (leasing, location –vente)
- Crédit à la consommation (affecté, personnel, revolving)
- Crédit immobilier (Épargne logement)
- Les crédits pour les entreprises et les professionnels :
- Crédit d'exploitation (escompte, faculté de caisse, affacturage)
- Crédit d'investissement (prêt d'équipement, crédit-bail

B- du Selon la durée crédit

- Crédit à très court terme (jusqu'à 3 mois)
- Crédit à court terme (jusqu'à 1 an)
- Crédit à moyen terme (jusqu'à 3 ans)
- Crédit à long terme (jusqu'à 10 ans)
- Crédit à très long terme (au-delà de 10 ans, voire 20 ans

2- LES SFD ET LES RISQUES

A- Définition du risque

Le risque est une perte potentielle, identifiable et quantifiable inhérente à une situation ou une activité, associée à la probabilité de l'occurrence d'un événement ou d'une série d'événements. Il s'oppose à l'incertitude qui est non quantifiable.

Le risque en microfinance est la possibilité que des événements présents ou futurs, attendus ou inattendus, puissent avoir un impact défavorable ou nuisible sur le capital ou les résultats de l'institution.

B- Les risques pour un SFD

Le risque pour un SFD est de ne plus être en mesure de rembourser ses prêteurs, notamment déposants et les apporteurs de capitaux.

Auteur : Kawele Kouadio- Économiste de développement- expert analyse crédit
Email : kawele86@gmail.com- Téléphone : +22549540122

Les principaux risques liés au processus crédit sont les suivants :

Risque de fraude
Risque de solvabilité
Risque de taux d'intérêt
Risque de liquidité
Risque de paiements
Risque de blanchiment d'argent
Risque de clients fictifs
Risque commercial (inadaptation du produit/besoin client
Ces risques sont regroupés par catégorie dont d'autres sont internes et d'autres externes.

C- Les catégories de risque

Risques institutionnels (Mission sociale (SFD à vocation coopérative), mission commerciale et dépendance)
Risques opérationnels (Crédit, fraude et sécurité)
Risques de gestion (Actif passif, inefficacité et système)
Risques externes (réglementation, concurrence et environnement)

La catégorisation des risques peut se fait en deux : risques internes et risques externes
L'analyse de crédit doit se focaliser sur les risques gérables et comment l'entreprise arrive à les minimiser. Avec la croissance des montants de crédit, l'analyste crédit doit se focaliser d'abord sur les risques d'entreprise avant d'entrer dans une analyse financière. La minimisation des risques commence avec leur identification.

Pour identifier ses risques l'analyste doit se poser les questions suivantes :

Qui est en charge de l'entreprise ?
- Qui est responsable en cas d'une urgence ?
- Est-ce qu'il y a une forte rotation des employées ?
- Quel est l'expérience du propriétaire ?
- Comment l'activité est organisée, gérée, tracée
A travers ces questions il y a des indicateurs de problèmes ci-dessous qui peuvent apparaitre qui vous permettrons de détecter les risques :
Aucune délégation
Aucune trace écrite sur l'activité
Forte rotation des clients/employées
Plaintes au tribunal
Stockage vétuste/ mal entretenu et sans organisation
Important dépassement de stock

Auteur : Kawele Kouadio- Économiste de développement- expert analyse crédit
Email : kawele86@gmail.com- Téléphone : +22549540122

Accumulation des biens de luxe à la maison mais présence de vieux actifs dans la société
Propriétaire sans connaissance du marché
Horaires d'ouverture erratiques

- LES RISQUES INTERNES

Les risques internes sont les risques opérationnels (crédit, fraude, sécurité, placements financier, gestion du personnel et opération de change…) dont les institutions doivent les gérer de façon rigoureux en interne. S'agissant des risques externes gérables il existe quelques astuces pour les minimiser donc vous trouverez ci-dessus.

LES RISQUES EXTERNES GERABLES

L'analyse des risques externes gérables aide aussi à l'identification de la qualité de gestion d'une activité. Ces risques sont divers :
- a- Risque commercial
- b- Risque client
- c- Garanties

a- Risque commercial

Comprendre l'activité et évaluer les risques liés à la nature de l'activité exercée : éligibilité, PSE, règlementation et autorisation spécifiques.
Inscrire l'analyse du client dans le contexte plus large de l'évaluation de la stratégie commerciale de l'entreprise, de la santé et du dynamisme de son secteur d'activité et de la concurrence qui y règne.
6 éléments à étudier :
- Conjoncture
- Implantation
- Concurrence
- Clientèle
- Approvisionnement
- Objet du crédit

■ Conjoncture
Eléments de contexte (économique, politique, climatique, etc.) pouvant impacter favorablement ou défavorablement l'activité de l'entrepreneur pendant la période de remboursement.
Exemples : saison des pluies, vacances scolaires, récoltes, fêtes, crises énergétiques, tensions politiques, élections, etc.
Donner des exemples d'activités commerciales pouvant être impactées par ces événements :

Auteur : Kawele Kouadio- Économiste de développement- expert analyse crédit
Email : kawele86@gmail.com- Téléphone : +22549540122

Imprévus (incendie du marché, mauvaise récolte, déguerpissement, etc.)
Par nature inattendus : mais on doit évaluer la probabilité que cela se produise, et l'impact et que fait l'entrepreneur pour prévenir ce risque ?
Demandes juste après un événement majeur : voir si ces événements vont avoir une influence sur le commerce du client. « Le malheur des uns faits parfois le bonheur des autres »
Bonne ou mauvaise récolte sur une culture, cela n'est pas forcément totalement imprévu (une saison des pluies peu pluvieuse aura un impact négatif prévisible sur certains produits agricoles par exemple).
De plus, une arrivée massive ou faible de produits agricoles sur le marché suite aux récoltes aura un impact sur plusieurs semaines voire plusieurs mois sur les prix
Il faut une bonne stratégie de l'approvisionnement car :
C'est important pour la continuité de l'activité, c'est important pour la stabilité des prix et de la profitabilité.

- ■ Implantation

Décrire l'emplacement du lieu de vente de façon précise
Juger de la qualité de cet emplacement : adéquation de l'emplacement avec les ambitions commerciales de la cliente.
Ex. : Une commerçante vend du poisson et des sandwiches en face d'un bar souvent animé.
Ex. : Une commerçante vend de l'huile d'arachide à domicile, alors que sa maison est à proximité du marché Central et
Que personne ne sait trop qu'elle vend chez elle.
Comment évaluez-vous ces exemples ?
Selon quels critères évalue-t-on une implantation en général ?
Emplacement physique
Facilité d'accès
Taille du stand
Stabilité à cet emplacement
Légalité de celui-ci
Lieu/capacité de stockage
Installation électrique
Etc.

- ■ La concurrence

Evaluer la concurrence existante (nombres de concurrents, type de concurrents, avantages et désavantages actuels et futurs)
Evaluer la perception par le client de la concurrence et évaluer sa stratégie « je veux être n°1 grâce au crédit => qu'est ce qui fait que les autres sont n°1 aujourd'hui et qu'est ce qui va changer pour modifier ce classement ? »
Déterminer s'il y a des éléments de différenciation entre le client et ses concurrents (observer la concurrence, présence, dynamisme de l'activité, avantages concurrentiels)

Auteur : Kawele Kouadio- Économiste de développement- expert analyse crédit
Email : kawele86@gmail.com- Téléphone : +22549540122

Quels sont les points forts et faibles par rapport à l'emplacement, le personnel, services, produits…)
Est-ce que la concurrence est locale, régionale ou même internationale ?
Quelles compétences sont requises pour maitriser la situation concurrentielle ?

■ La clientèle

Décrire et analyser la clientèle de l'entrepreneur de façon qualitative et quantitative.
Se prononcer sur le risque lié à la nature de la clientèle de l'entrepreneur et sur la régularité des entrées d'argent
Nombre de clients (pendant la visite, aujourd'hui)
Part du chiffres d'affaires pour les plus importants clients
Fidélité et Solvabilité des clients.
Répartition (particuliers, détaillants, semi-grossistes, distributeurs)
Techniques de vente seront à préciser (crédits, avances, etc.)
Régularité des revenus : volume d'affaires constant et payé au comptant dans le mois ou par cycle (ex : distribution en début de mois, trois semaines de recouvrement).
Quelques questions à pour détecter le risque client :
- Qui sont les acheteurs actuels et potentiels ?
- Combien d'acheteur y a-t-il pour les produits vendus ?
- Est-ce que les acheteurs sont bien diversifiés ? Qui sont les acheteurs alternatifs ?
- Quel pourcentage de l'achat est fait par chaque client (s'il n'y a pas beaucoup des clients).
- Est-ce que les acheteurs sont stables dans le futur ?
- Quelle est l'élasticité des produits vendus ?
Les exemples ont aussi montré plusieurs autres points :
Les mêmes activités peuvent avoir des risques différents, selon le modèle de commercialisation
Les mêmes activités peuvent avoir des marges différentes
Il faut éviter les généralisations par activité ou secteur !
Exemple : de point positif : Une commerçante de légumes vend toute l'année au marché. Sa clientèle est composée de nombreux petits commerçants qui viennent s'approvisionner chaque semaine, et de particuliers qui s'approvisionnent quotidiennement. Elle vend toujours comptant.
Exemple : de point négatif : Une distributrice de pagnes, vend à des particuliers dans les bureaux. Elle va de bureaux en bureaux, sans réellement disposer d'une clientèle fidèle. Elle distribue le 15 du mois et compte sur les salaires du 25 pour rembourser son crédit.

■ Approvisionnement

Décrire la façon dont le client gère son approvisionnement
Evaluation probabilité d'incidents liés au circuit d'approvisionnement

Auteur : Kawele Kouadio- Économiste de développement- expert analyse crédit
Email : kawele86@gmail.com- Téléphone : +22549540122

Maîtrise et expérience du circuit
Pertinence du circuit par rapport à l'activité du client
Permet de procéder à des recoupements d'informations pour juger de la cohérence du chiffre d'affaires et de la situation patrimoniale.
- Où et avec qui s'approvisionne le client ?
- Nombre de fournisseurs ? Fidélité ?
- A quelle fréquence ? Pourquoi ?
- Montant moyen approvisionnements
- Derniers approvisionnements (date + montant)
- Moyens de déplacement
- Moyen de paiement (transport de fonds)
- Crédits fournisseurs
- Capacité de stockage / volume actuel et futur d'approvisionnement.
Exemple : de points positifs : Un commerçant qui a une boutique de commerce général s'approvisionne régulièrement auprès de plusieurs grossistes du même marché plusieurs fois par semaine. Dès qu'il lui manque un produit, il n'a pas de difficulté pour le trouver.
Exemple : de points négatifs : une vendeuse de prêt-à-porter profite chaque mois du voyage en Chine d'un de ses voisins pour faire ses approvisionnements. Elle lui remet l'argent et la liste de marchandises et il s'occupe une fois sur place de les acheter et les acheminer sur Abidjan.

■ L'objet du crédit et son financement
Décrire précisément l'utilisation que l'entrepreneur souhaite faire du crédit.
Eviter absolument les généralités du type : « pour augmenter ses bénéfices », « pour développer son activité »
Il s'agit de savoir concrètement ce que l'entrepreneur veut faire de l'argent versé dans le cadre du crédit.
Pour un investissement, l'objet (priorités si plusieurs achats ?) ainsi que le coût, le mode et le calendrier de règlement (deux devis doivent être demandés à l'entrepreneur) doivent être clairement précisés.
Pour un financement de BFR, le type de marchandises à financer, le prix et les quantités doivent être soigneusement décrits.
Le coût total de l'objet du financement doit être calculé et renseigné par le chargé de clientèle.
Indiquer, s'il existe, le montant de l'apport personnel de l'entrepreneur contribuant au financement de l'objet (et % du coût total qu'il représente)
Autres sources de financement éventuelles : provenance, montant, conditions.
Emettre un avis sur l'objet du financement :
Justification de l'investissement / les achats à financer
Par rapport à l'activité de l'entrepreneur
Par rapport au moment de la demande
Ne pas financer trop, ni trop peu

Auteur : Kawele Kouadio- Économiste de développement- expert analyse crédit
Email : kawele86@gmail.com- Téléphone : +22549540122

Rentabilité attendue de ce projet

Conditions obtenues auprès des fournisseurs (favorables, fiabilité du fournisseur, qualité du produit, délais de livraison, etc.)

Le projet a-t-il été mûrement réfléchi par l'entrepreneur ?

Quelques questions pour évaluer la perspective de développement de l'activité :

« Comment voyez-vous votre activité dans 6 mois ? 1 an ? 3 ans ? »

Ambitions et projets de l'entrepreneur concernant son activité (notion de dynamisme commercial)

Projection varie d'un client à un autre.

Projection par le client de son activité à moyen terme

Mieux comprendre la pertinence de son projet

Comprendre si le client est dans une optique d'évolution réfléchie (réaliste ?).

Pouvoir détecter des charges futures.

Cette projection est un élément positif dans l'appréciation de sa stabilité.

À suivre périodiquement (cf. renouvellement)

Exemples de questions

Comptez-vous diversifier vos marchandises, changer d'activité ?

Comptez-vous délocaliser votre activité ? Si oui où ? Pourquoi ?

Attention aux cas d'entrepreneurs qui veulent se lancer dans des activités multiples, très différentes, sans vraiment les connaître ni les maîtriser.

Risque de bouleverser leur organisation actuelle

Risque de détournement de l'objet du crédit

En cas d'échec de la nouvelle activité, risque de faire chuter l'activité initiale est important.

b- Risque client

Une partie fondamentale de l'analyse du risque, à étudier tout au long du processus d'instruction d'une demande de crédit.

L'analyste crédit doit se former une opinion sur :

La moralité du client (dont analyse de l'historique de crédit)

La situation personnelle et sociale du client (stabilité, situation familiale)

Les capacités du client à mener son activité et diriger son entreprise (compétences et expérience)

POURQUOI ?

Bonne moralité + stabilité =

Réduction du risque qu'un client ne s'enfuit avec l'argent, une fois le crédit débloqué.

Facilitent le recouvrement en cas d'échec du projet financé par le crédit.

Fort niveau de savoir-faire rassure sur la capacité du client à bien utiliser le crédit et respecter son échéancier.

Le risque client peut être analysé à travers les questions suivantes :

-Questions directes au client ?

-Enquêtes auprès du voisinage et de l'entourage ?

-Observation du comportement du client et de tout autre indice ?

Auteur : Kawele Kouadio- Économiste de développement- expert analyse crédit
Email : kawele86@gmail.com- Téléphone : +22549540122

Le risque client sera analysé autour de 6 axes :
- Moralité du client
- Réputation du client
- Historique du client
- Stabilité du client
- Etat de santé du client
- Compétences et expériences du client

■ La moralité du client

Se faire son propre avis

Estimer le sérieux, la motivation, la disponibilité, la fiabilité et la moralité du client et se positionner sur le degré de confiance qu'on lui accorde.

Respect des délais et rendez-vous (documents demandés, visites…) ?

Ouvert et coopératif ou fermé envers l'analyste crédit ?

Attitude responsable envers ses proches et particulièrement ses enfants ?

Demande raisonnable en lien avec sa capacité de remboursement ?

Capable et désireux d'accepter les solutions proposées par la banque ?

Exemples ?

Refus de répondre à certaines questions / Mentir

S'est plaint de la quantité de questions posées.

A posé des questions pertinentes pour mieux connaître l'institution.

Demande raisonnable en tenant compte de sa capacité de remboursement.

Apporte de lui-même des informations supplémentaires aux questions posées pour enrichir le dialogue.

Attention aux clients trop pressés qui harcèlent le chargé d'affaire ou trop empressés à donner des informations ! Comme on dit « trop poli pour être honnête » !

■ La réputation du client

Évaluer la réputation de l'entrepreneur dans son voisinage (autour de son lieu de vie, et de son lieu de travail)

En étudiant les références de l'entrepreneur et en discutant avec le voisinage :

L'entrepreneur est-il connu ? (Exemple : le client a-t-il vraiment un stand là où il le prétend, les marchandises qu'il prétend posséder sont-elles réellement les siens, vient-il souvent au marché, etc. ?)

Est-il respecté dans la communauté d'affaires locale, dans son quartier ? Il est important de préciser en quoi il est connu !!!! (Être connu pour avoir des dettes partout dans le quartier ou pour avoir mené des actions positives dans le quartier n'a pas les mêmes conséquences !)

Prudence lors des enquêtes auprès de voisins : Pas d'enquête policière ! Discrétion.

Eléments de réputation : intéressant, mais à prendre avec prudence. En effet, certaines personnes peuvent vouloir nuire au client ou au contraire le favoriser.

Auteur : Kawele Kouadio- Économiste de développement- expert analyse crédit
Email : kawele86@gmail.com- Téléphone : +22549540122

- **■ Historique de crédit**

Nouveau client

Vérifier si le client a déjà eu accès à un crédit auparavant (institution, conditions, remboursement, garanties, pourquoi changer ?)

Evaluer sa vision du crédit, la façon dont il l'appréhende, et la manière dont il compte s'organiser pour faire face à ses échéances.

Ancien client de la banque

Causes et éléments explicatifs de l'historique (cause des incidents de paiement, comportement du client)

Un nouveau client a une petite caisse dans laquelle il met chaque jour une partie de ses bénéfices en prévision de l'échéance.

Exemple de points négatifs :

Un nouveau client qui prétend n'avoir jamais pris de crédit demande un montant très élevé par rapport à sa capacité de remboursement.

Un ancien client qui n'a pas fait preuve de solidarité lors d'un retard au sein de son groupe.

Un nouveau client a déjà eu un crédit d'une autre IMF, qui s'est mal déroulé.

Observation : être attentif à tout ce que l'on observe chez le client (calendriers, agendas, stylos, carnet, contrats…)

- **■ La stabilité du client**

Evaluation de la stabilité dans :

la sphère économique et commerciale d'une zone géographique donnée et la sphère familiale et sociale.

Evaluer :

Le risque d'incident de paiement lié à un déménagement, un départ précipité de l'entrepreneur, ou un changement d'activité

Eléments pouvant influer sur l'utilisation du crédit, la solvabilité et la capacité de remboursement du client, liés à l'environnement familial

nombre de personnes à charge, risque de maladie d'un parent ou enfant, risque de perte d'emploi du mari/de l'épouse, risque d'irrégularités dans les revenus du mari/de l'épouse, création ou développement d'une activité au même moment par un membre de sa famille etc.

Les éléments d'analyse de la stabilité :

Stabilité personnelle :

Depuis combien de temps l'entrepreneur habite sa maison, ou son quartier ?

Est-il locataire ou propriétaire d'un terrain, d'une maison, de son lieu de travail ? Depuis combien de temps ?

Est-il marié, a-t-il des enfants à charge ? Ses parents habitent ils avec lui ?

Est-il engagé dans des associations ou organisations à caractère religieux, social ou professionnel de son quartier ?

Auteur : Kawele Kouadio- Économiste de développement- expert analyse crédit
Email : kawele86@gmail.com- Téléphone : +22549540122

Stabilité professionnelle :
Depuis combien de temps travaille-t-il dans son atelier, dans ce quartier ? dans la ville ?
Est-il seul gestionnaire de son entreprise ou travaille-t-il avec des associés ?
A-t-il beaucoup d'employés ? Sont-ils là depuis longtemps ?
Est-il impliqué dans d'autres activités économiques ?

- Etat de santé du client

L'état de santé « apparent » est déterminant : un entrepreneur en mauvaise santé, dont l'entreprise n'est pas gérée lors de ses absences, constitue un risque important.
Méthode : avec tact et professionnalisme, se renseigner et observer tout signe révélant un éventuel problème de santé.
Question à ne pas oublier : une relève est-elle assurée pour gérer son entreprise en cas d'absence prolongée (maladie, cas de décès familial…) ?
Femmes enceintes :
Sensibiliser les clientes
Problèmes survenant lors de la grossesse rendent souvent difficile le remboursement des prêts (activité risque d'être irrégulière)
- Compétences et expérience du client
Maîtrise technique de l'activité :
Formation
Expérience
Savoir-faire technique
Visualisation des produits finis
Se mettre dans la peau d'un client potentiel
Satisfaction clientèle sur qualité des marchandises livrées
Maîtrise des outils de production, du conditionnement des marchandises, de la qualité des matières premières
Exemples négatifs ?
Un menuisier accepte des commandes sans avoir un espace de stockage couvert suffisant alors que la saison des pluies approche.
Un soudeur ne dispose que d'un fournisseur de métaux et celui-ci connaît souvent des ruptures de stock.
L'expérience et la formation sont fondamentales. Important de récolter le plus de données possible sur le parcours de l'entrepreneur.
Compétences en gestion de l'entrepreneur :
Cohérence des chiffres transmis par le client
Qualité de son organisation
Connaissance des circuits d'approvisionnement
Saisonnalité de l'activité
Appréhension de la concurrence, des difficultés du marché
Relations fournisseurs (délais, fidélité, respect engagements)
Gestion ressources humaines (compétences et stabilité)
Gestion de plusieurs points de vente

Auteur : Kawele Kouadio- Économiste de développement- expert analyse crédit
Email : kawele86@gmail.com- Téléphone : +22549540122

Outils de gestion (cahier recettes/dépenses, organisation hiérarchique, inventaire, cahier de créances, états financiers, etc.)
Dynamisme commercial
Appréhension des besoins des clients : l'entrepreneur a-t-il bien identifié sa cible, est-il à l'écoute des besoins de ses clients, sait-il mettre ses produits en valeur ? Fidélise ses clients par des opérations commerciales, fait de la publicité. Capacité à s'adapter à des changements du marché 2 vendeuses de tomates : 1 interpelle les passants et veille à une belle présentation de son étalage, l'autre dort couchée sur son étal La durée d'exercice d'activité.
Lien durée d'exercice d'activité / stabilité et viabilité
La disponibilité d'un remplaçant potentiel de l'entrepreneur

c- Garanties
Il existe deux types de garantie :
- Les garanties personnelles
- Les garanties matérielles
Pour tout crédit la valeur des garanties doit toujours couvrir le montant du crédit à 120% ou 150%.
Pour une garantie matérielle l'analyste crédit doit vérifier tous les documents légaux auprès des juridictions compétentes et s'assurer que tous ces documents sont fiables et aussi vérifier l'existence de ces matériels.
Exemple : pour un véhicule, il faut vérifier que tous les papiers (carte grise, visite et vignette et assurance) sont à jours et ensuite après le gage demander au client de vous fournir l'extrait de la carte grise pour vous assurer que la carte n'est pas falsifiée et aussi que le nom de la banque est inscrit sur l'extrait.
Cette partie sera plus développé au chapitre 4.

- LES RISQUES EXTERNES NON-GERABLES
Les grandes entreprises doivent avoir des plans d'urgence pour gérer les catastrophes naturelles et les crises.
Les PME et TPE ne peuvent pas se permettre un tel plan d'urgence, mais il faut identifier comment elles anticipent les crises potentielles (épargne, plusieurs activités…)
Normalement, il ne faut pas rejeter de crédits à cause des risques externes non-gérables. Il vaut mieux créer des limites globales de portefeuille sur certains secteurs qui sont plus exposées aux risques externes.

Auteur : Kawele Kouadio- Économiste de développement- expert analyse crédit
Email : kawele86@gmail.com- Téléphone : +22549540122

1- Les principaux généraux relatifs au crédit

01-La qualité des prêts doit absolument primer sur la quantité : les efforts requis pour compenser les pertes de revenus découlant des mauvaises créances sont assez considérables.

02 - Il faut identifier chez l'emprunteur, la capacité de remboursement : avoir la certitude que le client aura la capacité de rembourser le capital et les intérêts au moment convenu.

03 - L'intégrité de l'emprunteur ne doit faire aucun doute : éviter absolument que le SFD soit associée à des individus ou à des transactions ayant mauvaise réputation

04 - Il est indispensable de comprendre l'environnement et le fonctionnement de l'entreprise ou du commerce : plus on pose des questions, plus on facilite la compréhension et plus il est facile de prendre une décision. Rien ne vaut une visite des lieux où l'entreprise exerce ses activités pour bien comprendre son fonctionnement.

05 - La décision de l'agent de crédit, ainsi que celle de la hiérarchie (Direction réseau, Comité de crédit) doit être indépendante et libre de toute influence : il est important de se sentir à l'aise avec la décision de prêter. L'agent de crédit ne doit pas se laisser influencer par quiconque : il doit apporter ses recommandations selon son analyse et son jugement et en respectant les politiques et procédures du SFD. Il doit effectuer une analyse professionnelle des dossiers qui lui sont présentés.

06 - Le type de financement doit être en relation avec le but du prêt : il existe une relation directe entre le besoin de l'emprunteur et le type de financement à lui consentir. Par exemple, on ne devrait pas financer l'acquisition d'un bien durable avec un prêt à court terme.

07 - L'analyse doit tenir compte des cycles d'activités économiques : une IMF devrait toujours savoir dans quelle phase d'un cycle économique elle se trouve et établir ses prévisions quant à l'évolution future de l'économie.

08 - L'évaluation du management des entrepreneurs est aussi importante que celle des états financiers : l'agent de crédit doit apporter une attention particulière à l'organisation de l'entreprise, au type de leadership des entrepreneurs, aux relations de travail à l'intérieur de l'entreprise, aux efforts des dirigeants pour mettre en place des systèmes de gestion efficaces.

09 - Les garanties ne sont pas un substitut à la capacité de remboursement du prêt : la démonstration de la capacité de remboursement est une condition essentielle à l'octroi d'un prêt. La prise de garantie ne vient que sécuriser davantage les concours consentis, en exerçant une pression sur l'emprunteur.

Auteur : Kawele Kouadio- Économiste de développement- expert analyse crédit
Email : kawele86@gmail.com- Téléphone : +22549540122

10 - L'évaluation des garanties doit être faite de façon professionnelle et impartiale : pour certains dossiers, le recours à un évaluateur externe est parfois requis pour les prêts substantiels dans des domaines qui sont hors des connaissances des agents de crédit du SFD.

11 - Le suivi des prêts et la documentation sont aussi importants que l'analyse financière : en tout temps, le SFD doit s'assurer que les sommes prêtées sont utilisées aux fins prévues. Ce sont les activités de suivi des prêts qui permettent de réévaluer le risque et de s'ajuster en conséquence. C'est au moment de réaliser un prêt en défaut qu'on réalise l'importance des documents légaux fournis.

12 - Il faut prendre le temps de faire une analyse complète : devant la pression exercée par l'emprunteur en vue d'obtenir une réponse rapide, l'agent de crédit ne doit sacrifier aucun aspect de son analyse.

13 - L'intérêt des déposants et des apporteurs de capitaux prime sur celui des emprunteurs : lorsqu'on prend une décision de crédit, on doit toujours le faire en s'assurant que l'argent des déposants est bien placé.

14 - La taille du crédit ne doit pas être disproportionnée par rapport au patrimoine de l'emprunteur : le ratio de financement ne devrait pas, en règle générale, dépasser une certaine proportion du patrimoine de l'emprunteur (50%). Lors de l'octroi de crédit subséquent, l'agent de crédit devrait observer un accroissement du patrimoine compte tenu de l'effet productif du crédit précédent.

15 - Les retards dans le remboursement ne doivent pas être tolérés : un crédit en retard est source de tracas et occupe le temps des employés. Un crédit en retard n'est pas rentable. Tous les moyens doivent être pris pour éviter les retards, tant lors de l'octroi du prêt que lors de son suivi.

2- Schéma du processus de montage et suivi du crédit

1. Expression du besoin
2. Elaboration du dossier de demande de crédit
3. L'instruction
4. Décision d'octroi du crédit
5. Formalités administratives et services de soutien
6. Décaissement
7. Suivi après déblocage
8. Remboursement
9. Suivi des paiements
10. Clôture du dossier ou
11. Constatation de la défaillance

Auteur : Kawele Kouadio- Économiste de développement- expert analyse crédit
Email : kawele86@gmail.com- Téléphone : +22549540122

2-1 L'expression du besoin

L'expression du besoin est la première étape dans la chaîne de crédit. Un besoin mal exprimé ou inadapté au besoin réel peut conduire à des déboires.

De la même manière, l'entourage peut influencer le demandeur qui pourrait avoir tendance à surévaluer sa demande ou à exprimer des besoins visant à répondre à des demandes de tiers.

L'agent de crédit vérifiera donc que le besoin a été correctement exprimé par le véritable demandeur et destinataire du crédit au travers de :

- La vérification du besoin
- La vérification de l'identité du demandeur

2-2 Crédit – Le dossier de demande

Cette phase porte sur les éléments relatifs au montage d'un dossier de crédit.

Une fois le besoin est correctement défini, calibré et validé, il peut faire l'objet d'une demande de crédit formelle auprès d'un SFD, dans le cadre des réglementations en vigueur.

Au niveau opérationnel

L'agent de crédit fait les vérifications suivantes :

- Les antécédents du client ainsi que sa situation d'endettement globale
- La demande est complète et signée, tous les éléments figurent dans le dossier de crédit, y compris toutes les pièces justificatives et annexes
- La demande correspond bien au besoin défini
- La demande financière est en adéquation avec le besoin exprimé et validé
- La demande respecte les critères d'éligibilité

L'agent de crédit fait un rapport quotidien sur ces vérifications

Le responsable du département crédit vérifiera que :

- La demande a été correctement rédigée, les formats de présentation ont été respectés, le dossier est complet pour être présenté à l'organe chargé d'émettre un avis sur la demande (le comité de crédit).
- Les éléments du crédit sont en ligne avec la Politique de crédit d'un SFD et respectent les plafonds imposés par la Direction
- Les annexes au dossier sont complètes.

2-3 Crédit – L'instruction

Une fois le dossier de crédit élaboré, il s'agit de l'instruire. Par instruction, nous entendons l'ensemble des actions mises en œuvre pour le montage complet du dossier de demande avant sa soumission au Comité de Crédit.

L'instruction de la demande implique plusieurs intervenants :

- L'agent de crédit qui fait une instruction préliminaire au moment de l'élaboration du dossier de demande

Auteur : Kawele Kouadio- Économiste de développement- expert analyse crédit
Email : kawele86@gmail.com- Téléphone : +22549540122

- Des techniciens en charge des études dans le cas de dossiers avec une composante technique dépassant les compétences d'un SFD, par exemple, outillages, constructions spécifiques, etc.
- Le responsable d'agence/caisse qui valide et complète le dossier avant de le présenter au Comité de Crédit. Il s'assure en quelque sorte que le dossier est présentable, c'est-à-dire qu'il tient compte du respect des planchers, plafonds, durée et toutes conditions prévues aux règlements d'un SFD ainsi que le dossier est élaboré dans le respect des normes légales et règlements des organes de contrôle et de tutelle des SFD.

Selon le montant du crédit demandé, la visite et la contre-visite se feront par :
- L'agent de crédit et le superviseur
- Le superviseur et le coordinateur
- Le coordinateur et la direction

L'instruction porte sur plusieurs éléments :
L'analyse de la demande :
- Ultime vérification du besoin : existe-t-il réellement ?
- La nature du besoin : s'agit-il d'un besoin lié à la production, d'un besoin lié à la consommation, d'un besoin conjoncturel, etc.
- L'évaluation du besoin est en concordance avec la capacité financière du Demandeur.
- Analyse technique du dossier et analyse financière de la demande : montant demandé par rapport à la capacité de remboursement du demandeur, au secteur d'activité, etc.
- Vérification de l'objet, de l'éligibilité, du respect des conditions préalables, de l'adéquation avec les services offerts et la politique de crédit.

L'analyse du demandeur :
- Vérification des garanties du demandeur (existence physique, évaluation correcte en unités monétaires, etc.) et des avals du demandeur
- Vérification de l'historique épargne / crédit du demandeur. Dans le cas des crédits solidaires, il vérifiera la situation de chaque membre du groupe.
- Vérification des dépôts du demandeur
- Vérification auprès d'autres entités financières des encours du demandeur
- Etude de moralité du demandeur
- Renseigner les revenus du demandeur (existence d'une situation professionnelle).

La mission du SFD :
Il s'agit de s'assurer que le portefeuille crédit équivaut à la traduction opérationnelle de la mission définie par le SFD. (Exemple : le SFD, dans le cadre de sa mission, a pour public cible les micro-entrepreneurs de la zone cotonnière).
Tout écart par rapport à la mission doit être justifié et documenté.
La comparaison avec d'autres crédits obtenus par le demandeur et des crédits de même nature par d'autres demandeurs
L'agent de crédit vérifiera que l'enveloppe financière à sa disposition permet d'initier de nouvelles demandes de crédit.
La sécurité

Auteur : Kawele Kouadio- Économiste de développement- expert analyse crédit
Email : kawele86@gmail.com- Téléphone : +22549540122

Des critères de sécurité de la zone où se déroule l'activité : une zone où règne une grande insécurité pourrait empêcher les agents de crédit de collecter les remboursements.

L'agent de crédit vérifiera que la zone dans laquelle le demandeur de crédit souhaite développer son activité est une zone sécurisée.

Le responsable du département crédit vérifiera que l'agent de crédit a bien respecté les instructions liées aux zones à risque du point de vue de la sécurité des biens et personnes.

2-4 - Décision de crédit

- Objectifs de la session est de :
Comprendre l'analyse complète d'un crédit
Identifier quand est-ce qu'il faut prendre une décision positive ou négative.
 Calculer les montants maximum et les montants appropriés pour un prêt.
Les deux décisions les plus importantes sont :
1) Est-ce qu'on veut accorder le prêt pour l'activité analysée ?
2) Si oui, quelles conditions va-t-on appliquer ?
Les conditions ont la même importance que toute l'analyse parce qu'elles sont décisives pour estimer si le client va pouvoir rembourser le prêt ou non.
Les analyses de prêt peuvent ressembler à un casse-tête chinois. On a l'impression que certains éléments ne sont pas compatibles.
C'est important que l'analyse soit logique à la fin.
Tous les facteurs doivent être révisés quand l'analyse est prête.
Avec un support formulaire d'analyse, c'est plus facile d'avoir l'image complète.
- Les conditions de prêt
Donner les conditions de prêt qui ont le même degré d'importance que toute l'analyse.
Ce sont :
• Le montant du prêt
• La durée
• Le plan de remboursement
• Autres

Pour se décider sur le montant il y a quatre facteurs à prendre en compte :

1-Ratio d'endettement (Ratio d'endettement= (Dettes + nouveau prêt) /Fonds propres) =max 1)
La dette totale ne peut pas dépasser les fonds propres
2-fonds disponible (Ratio d'endettement= Remboursement mensuel/Fonds disponibles doit être au Max 70%)
Ça peut être baissé si on accorde une durée plus longue.

Auteur : Kawele Kouadio- Économiste de développement- expert analyse crédit
Email : kawele86@gmail.com- Téléphone : +22549540122

3-objet du crédit (Avec les limites 1+2, est-ce que le client peut financer l'objet du crédit ou une partie de son objet de prêt ?)

4-Garanties (la valeur des garanties doit couvrir le prêt entre 120% à 150%).

Tous les crédits doivent être décidés par un comité.

Le dossier doit être prêt avant le comité, avec tous les documents et données nécessaires.

La personne qui présente au comité doit être la personne qui a analysé le prêt et qui a visité le client.

Par conséquent l'analyse doit être cohérente pour pouvoir prendre une décision positive. On doit se sentir à l'aise avec sa décision.

Le comité ne devrait pas avoir de grands désaccords sur la décision

Montants, durées, et autres conditions doivent être accordées selon les besoins et capacités

La réduction des montants et durées ne réduit pas forcement les risques.

REPERES : EXTRAIT DU GUIDE D'OCTROI DE CREDIT

Les grandes masses et les valeurs structurelles (FR, BFR, BT, CASH-FLOW)

-FONDS DE ROULEMENT : Le financement prévu doit être au plus le double du Fonds de Roulement (FR).

-BESOIN EN FONDS DE ROULEMENT : * Le financement prévu doit être inférieur ou égal au besoin en fonds de roulement. Les normes en matière de fonds de roulement ne sont pas valables pour les projets d'investissements

-CASH FLOW : * Le montant du remboursement prévu doit être inférieur ou égal au tiers du cash-flow.

-GARANTIE * Les garanties sont évaluées par les experts en la matière. * Le financement prévu pour tout nouveau client doit être inférieur ou égal à la moitié de la valeur de la garantie. * Le financement prévu pour les anciens clients doit être inférieur ou égal au 3/4 de la valeur de la garantie. *Une garantie ne peut supporter plus de deux crédits à la fois.

-RATING * Le coefficient multiplicateur du crédit au renouvellement est au plus de 1,5 pour les clients ayant remboursé leur dernier crédit sans retard. * Pour ceux qui ont connu 1 et 2 retards, ce coefficient passe respectivement à 1 et à 0,5. * En cas de nombre de retards supérieurs à 2, le client est mis en attente pour une durée minimum de 6 mois.

2-5-Crédit – Formalités administratives

Auteur : Kawele Kouadio- Économiste de développement- expert analyse crédit
Email : kawele86@gmail.com- Téléphone : +22549540122

Formalités administratives et services de soutien

En cas d'approbation de la part du comité de crédit, l'agent de crédit doit prendre à sa charge toutes les formalités administratives à mettre en place, à savoir:

- Informer le client sur la décision du comité de crédit
- Accomplir les formalités d'enregistrement
- Elaborer le contrat de prêt
- Faire signer le contrat de prêt
- Accomplir les formalités liées à l'élaboration du contrat de prêt (élaboration de l'échéancier et calcul des intérêts tels que mentionnés dans la décision)
- Effectuer les formalités de prise de garanties
- Mettre en place les outils de suivi du prêt.

L'emprunteur reçoit généralement un tableau d'amortissement du prêt ou un compte courant dans lequel figurent les modalités de remboursement (échéance unique ou périodique, montants du principal et des intérêts).

De même, dans le cadre de l'octroi du crédit, le SFD peut proposer divers services non financiers.

L'objectif de ces services est triple :

1. Sensibiliser le client sur la culture, le fonctionnement et les valeurs du SFD.

2. Former sur le processus d'octroi de crédit, la nécessité de rembourser le crédit, le respect des engagements, la possibilité offerte de capter l'épargne, les produits offerts par le SFD.

3. Aider le client dans la bonne réalisation de son projet. Ces services consistent en diverses formations liées à la gestion de projet, à la gestion opérationnelle, ou encore à des sensibilisations au risque de mal nutritions ou de maladies, etc.

2-6-Crédit – Le décaissement :

Après la décision formelle d'octroi de crédit et si le client a accepté la proposition du SFD, ce dernier décaisse la valeur du crédit en faveur du bénéficiaire. Ce décaissement peut se faire de différentes manières :

- Sous forme monétaire
- Sous forme de chèque
- En nature
- Sous forme de transfert sur le compte épargne du membre

2-7-Crédit – Suivi après déblocage :

Une fois le décaissement effectué, il s'agit de réaliser le suivi du prêt afin de s'assurer que les fonds octroyés ont été utilisés dans le cadre de l'objet du prêt et dans les modalités fixées avec le SFD.

Au niveau opérationnel,

L'agent de crédit devra :

- Vérifier que le client a obtenu l'intégralité du montant octroyé
- Vérifier au respect de l'objet du crédit

Auteur : Kawele Kouadio- Économiste de développement- expert analyse crédit
Email : kawele86@gmail.com- Téléphone : +22549540122

- Vérifier la nature du bien acquis et le coût d'acquisition
- Vérifier que le plan établi par le client en vue de l'acquisition des biens et services a été respecté.
- Procéder au suivi de l'activité du client (amélioration de la situation économique du client)
- S'assurer du respect du contrat de prêt

En cas de non-respect des dispositions mentionnées dans le contrat et conclues avec le SFD, ce dernier pourra demander le remboursement intégral et immédiat du crédit.

2-8-Crédit – Le remboursement :

Les remboursements des crédits, du principal et des intérêts peuvent être faits de différentes manières :

- Par des dépôts de l'emprunteur au guichet d'une agence du SFD
- Par la collecte des remboursements par les agents de crédit du SFD
- Par prélèvement sur le compte courant de l'emprunteur à chaque échéance
- Par précomptes effectués sur salaires.

Au niveau opérationnel :
Le responsable vérifiera :

Dans le cas des dépôts aux guichets :

- L'inscription correcte de la valeur du remboursement dans le compte courant de l'emprunteur, avec les signatures de l'agent du SFD pour accusé de réception,
- L'inscription du remboursement par l'emprunteur dans les livres du SFD.
- Le visa quotidien du superviseur, inspecteur ayant vérifié la caisse et les inscriptions dans les livres (vérification croisée).

Dans le cas des collectes des remboursements auprès des emprunteurs :

- L'inscription des remboursements dans le compte courant de l'emprunteur avec la signature de l'agent de crédit accompagné d'un reçu provisoire délivré confirmant le montant inscrit au compte courant de l'emprunteur.
- Le dépôt effectif des montants collectés par l'agent de crédit sur un compte bancaire du SFD ou d'une institution bancaire, avec les preuves du dépôt.
- L'inscription effective des remboursements dans les livres du SFD.

Le SFD, afin de réduire les risques de fraude et de vol et d'accroître la sécurité des agents de crédits, essayera autant que possible de limiter les collectes d'argent sur le terrain par les agents de crédits.

Comment effectuer ces vérifications ?

- Par l'examen du livre de caisse
- Par le croisement entre le livre de caisse et le compte courant de l'emprunteur
- Par des visites au domicile de l'emprunteur
- Par la vérification des reçus bancaires et leur croisement avec les inscriptions dans le livre de caisse et les dépôts bancaires.
- Par l'examen des extraits de comptes bancaires du SFD.

Auteur : Kawele Kouadio- Économiste de développement- expert analyse crédit
Email : kawele86@gmail.com- Téléphone : +22549540122

2-9-Crédit – Le suivi des paiements :

Le département crédit du SFD ainsi que les agents de crédit suivent les remboursements des emprunteurs. Ils disposent d'outils leur permettant d'être alertés lors d'un retard de remboursement par l'emprunteur.

Parmi les outils à disposition du SFD, notons :

- La tenue d'un échéancier de paiements
- La liste des crédits en souffrance (avec identification du client, les garanties associées aux prêts)
- Une balance âgée et la liste des garanties mobilisées

2-10-Crédit – La clôture du dossier :

Une fois le crédit intégralement remboursé, l'agent de crédit et le superviseur pourront clore le dossier de crédit et procéder à son archivage.

Afin d'officialiser la fin du crédit, le client se verra remettre un certificat de clôture signé par lui-même, l'agent de crédit et le superviseur.

2-11-Crédit – La constatation de la défaillance :

Lorsque le client fait l'objet de retard de paiements, le SFD se doit de réagir rapidement afin de ne pas laisser la situation se dégrader et prendre les mesures nécessaires en lien avec la situation du client.

Le SFD doit en premier lieu rencontrer le client en retard de paiement à l'occasion d'un entretien afin de comprendre les raisons inhérentes à ce retard de paiement.

Le SFD tentera en premier lieu de trouver un règlement amiable permettant de régulariser la situation du débiteur via un refinancement ou un rééchelonnement du prêt. Cette décision devra faire l'objet d'un nouveau dossier de crédit qui suivra l'ensemble des phases précédemment citées.

Dans le cas où le SFD et le client ne s'entendrait pas sur un accord amiable, il conviendra d'appliquer la procédure de recouvrement.

Auteur : Kawele Kouadio- Économiste de développement- expert analyse crédit
Email : kawele86@gmail.com- Téléphone : +22549540122

Analyse de projet client

La forme et la rigueur de la présentation seront tout aussi déterminantes que le fond (structuration de la note, logique de la démarche de présentation, prise de position et argumentation…).

La présentation écrite d'un dossier de financement doit relever de la même logique que l'analyse de projet effectuée par l'agent. Elle doit donc respecter la même démarche et suivre les mêmes étapes :

■ Étape 1 : Recueil d'informations remises par le client : Découvrir le dossier.
■ Étape 2 : Analyse de l'environnement du client : Rechercher des éléments complémentaires en toute objectivité.
■ Étape 3 : Analyse économique : Caractériser les éléments (hors financiers) des Forces-Faiblesses-Opportunités-Menaces (FFOM) de l'entreprise.
■ Étape 4 : Analyse juridique : S'assurer de la capacité de l'emprunteur.
■ Étape 5 : Analyse financière : Interpréter les documents comptables.

ANALYSE FINANCIÈRE DU PROJET

Elle consiste principalement à s'intéresser à la rentabilité future de l'exploitation.

La rentabilité d'une activité faisant référence à sa capacité à dégager un résultat bénéficiaire, l'analyse se fera donc à travers l'analyse des comptes ou états de résultat historiques et prévisionnels et de la structure financière par l'analyse des bilans (entreprise et personnel) s'ils existent.

Il est important que le client soit en capacité d'expliquer les chiffres prévisionnels fournis et les évolutions envisagées ainsi que les actions prévues pour y parvenir.

Documents à examiner :

- Le compte de résultat historique de l'entreprise
- Les états de résultat prévisionnel de l'entreprise et de l'entrepreneur
- Les grandes masses et les valeurs structurelles (FR,BFR,BT CASH-FLOW)
- Analyse des ratios les plus significatifs
- Le plan de financement initial
- Le tableau des investissements et des amortissements
- Le plan de trésorerie

Auteur : Kawele Kouadio- Économiste de développement- expert analyse crédit
Email : kawele86@gmail.com- Téléphone : +22549540122

Définition :

Une garantie est un engagement envers un tiers qui vient garantir la bonne fin d'une opération en cas de défaillance du payeur. Cette garantie peut être de nature très variée, un bien ou une personne. Dans tous les cas, c'est une assurance pour le prêteur de ne pas être lésé à la fin de l'opération. Cette garantie sert uniquement dans le cas où l'emprunteur n'a pas respecté ses engagements initiaux.

1- Garantie réelle

Définition Garantie réelle :

Une garantie réelle est un acte par lequel une personne (physique ou morale) transfère à son créancier un bien déterminé en garantie de sa créance. Le créancier pourra se faire payer en prenant possession de ce bien, et en le vendant, en cas de défaillance de son débiteur. Une garantie réelle peut correspondre à un gage sur un bien mobilier ou à une hypothèque sur un bien immobilier. Il existe trois principaux types de sûretés réelles : - l'hypothèque, - le privilège de prêteur de deniers, - le gage / le nantissement

2- Garantie personnelle

Définition Garantie personnelle :

Une garantie personnelle est un engagement donné par un débiteur ou par un tiers de payer sur son patrimoine personnel un créancier en cas de défaut de paiement. Une garantie personnelle se matérialise donc par un acte qui procure à un créancier une sûreté en complément de l'engagement du débiteur. Parmi les garanties personnelles, on retrouve notamment le cautionnement ou l'aval.

a- Le cautionnement :

La garantie personnelle par excellence est le cautionnement. Il est souvent demandé au dirigeant-actionnaire. Le signataire (la caution) s'engage vis-à-vis de la banque à payer ce qui est dû à la place de la société défaillante. Par cet acte, la caution engage ses biens personnels.

Ce type de cautionnement donné par le dirigeant est le plus souvent commercial. Le dirigeant est donc engagé solidairement avec la société. Il est possible que l'intérêt patrimonial du dirigeant dans ce cautionnement ne soit pas reconnu ; dans ce cas, le cautionnement est simple. Sauf stipulation contraire, le dirigeant, engagé par un cautionnement commercial, ne peut pas se prévaloir des bénéfices de la division et de la discussion.

Auteur : Kawele Kouadio- Économiste de développement- expert analyse crédit
Email : kawele86@gmail.com- Téléphone : +22549540122

b- La garantie autonome

Il s'agit de l'engagement par lequel le garant s'oblige, en considération d'une obligation souscrite par un tiers, à verser une somme soit à première demande, soit suivant des modalités convenues. Le garant ne garantit pas une dette mais une personne. Il ne peut pas, comme c'est le cas dans le cautionnement, opposer au banquier les exceptions du débiteur principal.

c- La lettre d'intention

La lettre d'intention est l'engagement de faire ou de ne pas faire ayant pour objet le soutien apporté à un débiteur dans l'exécution de son obligation envers son créancier. La Cour de cassation (française) a renforcé le pouvoir d'un tel type d'engagement. Ainsi, la lettre dans laquelle le souscripteur s'engage à faire en sorte que le débiteur respecte son engagement envers son créancier crée une obligation pour le souscripteur. Ce dernier doit verser à la banque les sommes dues par le débiteur, et ce d'autant plus qu'il s'était engagé à mettre à la disposition de sa filiale ces fonds. Le souscripteur est investi d'une obligation de résultat. Il est tenu de payer cette somme si le débiteur ne le fait pas.

d- L'aval

L'utilisation de la technique de l'aval est moins fréquente. L'avaliste (celui qui donne son aval) s'engage à payer le porteur d'un effet de commerce ou d'un chèque, en l'occurrence la banque, en cas de non-paiement à l'échéance. Matériellement l'avaliste signe l'effet avec la mention « bon pour aval du tiré » ou avalise sur une lettre séparée.

CAS SPECIFIQUES D'ETUDE DE CREDIT D'INVESTISSEMENT

Les crédits d'investissement sont destinés à financer la partie haute du bilan, les immobilisations, l'outil de travail de l'entreprise, et le remboursement de ces crédits ne peut être assuré que par le jeu des bénéfices.

Les crédits d'investissement se subdivisent en crédits à moyen terme et à long terme. Il existe une autre forme de crédit permettant à l'entreprise d'acquérir des investissements, c'est « le crédit - bail » ou « leasing ».

Procédure pour étude d'un dossier de crédit d'investissement :

Procédures et l'élaboration de la demande

Chaque opération d'octroi d'un crédit est initiée, en premier, par l'élaboration d'une demande par l'entreprise auprès du SFD, puis à l'étude par le SFD, et suite l'entré en négociation des deux parties pour la mise en place du crédit et en fin la décision finale du SFD. L'entreprise évalue ses besoins de financement relatif à un projet et établit le mode de financement qui lui est adéquat et élabore un plan prévisionnel permettant l'analyse prospective des effets anticipés de l'application de la stratégie choisie.

Auteur : Kawele Kouadio- Économiste de développement- expert analyse crédit
Email : kawele86@gmail.com- Téléphone : +22549540122

Analyse de la demande de crédit d'investissement :

Afin de déterminer l'opportunité d'accorder un crédit, le SFD effectuera diverses études telles que :
- l'analyse sectorielle : présente dans une optique descriptive et prospective ;
- L'analyse des documents et données de l'entreprise (données financières, part du marché, structures organisationnelle, processus de production, relation fournisseurs et clients, actionnariat, ...etc. ;
- L'analyse de suivi de l'entreprise (relation nouvelle ou ancienne) ;
- Etude du plan prévisionnel d'exploitation, de sa stratégie de l'opportunité de réaliser le projet envisagé ;
- L'analyse de la capacité de l'entreprise à rembourse le crédit ;
- L'étude de possibilité de mise en place de garanties
(L'hypothèque, nantissements et cautions).
De toutes ces études dépendront la nature et les caractéristiques de crédit que proposera le SFD.

Négociation entre l'entreprise et le SFD :

En envisageant de point de vue instrumental (de son résultat). La négociation est un système de décision par lequel les acteurs s'entendent de commun accords au lieu d'agir par voie unilatérale.
Selon KISSINGER 1969 : « la négociation est le processus qui combine les positions conflictuelles dans une position commune, la règle de décision étant l'unanimité ».
La négociation doit être volontaire et avec l'intention de réussir, sans qu'elle aboutisse nécessairement à l'accord, en effet, le désaccord peut concerner les intérêts (besoins ou enjeux), les buts et objectifs, les faits, les valeurs, les méthodes.
Ainsi il faut mettre en évidence que la négociation (dans son résultat global) implique des coûts (en temps, énergie, concession, ...etc.), qui en diminuant « l'utilité » pour les parties intéressées celles-ci ne s'engagent dans l'activité que si elles sont raisonnablement certaines que ce coût est inférieur aux avantages que l'accord pourra faire obtenir.
D'un point de vue conceptuel et technique, ceci peut être formulé en disant que le négociateur se fixera un « coût d'opportunité », pour la négociation, il acceptera de négocier ou de rester dans la négociation tant qu'il estimera que les résultats probables de la négociation seront plus élevés que les positions (réelles minimales, ce que les praticiens codent sous les termes de « butoir » ; « point de rupture » ou « meilleur alternative disponible »).
L'avantage net de la négociation n'est pas seulement d'ordre matériel, il contient l'ensemble des éléments pertinents pour l'agent concerné (par exemple, la préférence d'une relation non conflictuelle ou le respect de certaines principes).

Buts et intérêts de la négociation :

Négocier avec un banquier, c'est d'abord acquérir un minimum de connaissances bancaires, c'est-à-dire un langage, la connaissance des usages, des contraintes et

Auteur : Kawele Kouadio- Économiste de développement- expert analyse crédit
Email : kawele86@gmail.com- Téléphone : +22549540122

critères bancaires, l'ignorance de ce préalable réduit le pouvoir de négociation du client considérablement. La négociation a pour but de :
- Etudier la stratégie générale de son banquier et celle de la concurrence ;
- Maintenir la relation à ce que la divergence ne conduit pas à la rupture, au retrait ou à l'abandon du projet ;
- Le négociateur doit concéder afin d'obtenir un accord ;
- Réaliser l'équilibre entre intérêt et valeurs divergents ou opposées ;
- Corriger le comportement des négociants ;
- Trouver l'équilibre entre les avantages réciproques.

La détermination du montant du crédit

La détermination du montant du crédit implique la nécessite de s'assurer de la compatibilité du crédit avec la rentabilité et la structure financière de l'entreprise, après prise de connaissance des besoins de l'entreprise, les crédits susceptibles d'être accordés seront déterminés. En particulier, quels sont les investissements finançables par les crédits à moyen et à long terme, et quels sont les crédits qui peuvent être octroyés. 4-La détermination de la durée du crédit :
Pour les crédits à moyen et long terme, la durée est très importante, elle est fonction de :
- La durée de vie de bien financé : la durée de vie du crédit doit être inférieure à la durée de vie du bien, puisque l'entreprise compte sur le cash-flow brut dégagé en particulier au niveau des amortissements pour rembourser ;
- La valeur des charges nettes supportées par l'entreprise pendant la période, et la comparaison de ces charges avec le cash-flow brut de l'affaire.

NB : l'insuffisance de la marge brute d'autofinancement ou le cash-flow but est le cas le plus difficile à faire accepter. En effet, la solution ans ce cas consiste à accorder un crédit sur une période plus importante afin de permettre à l'entreprise d'envisager son remboursement, l'autre solution serait d'exiger n'implication financière plus conséquente de l'entreprise pour réduire les charges d'exploitation et plus particulièrement les fais financiers.

Conditions de crédit :

Les crédits d'investissement octroyés sont généralement soumis à des conditions appelées « conditions résolutoires », dont la réalisation est préalable à leur mise en place. Et parmi ces conditions susceptibles d'être exigées on citera :

-Versement préalable au compte de la part d'autofinancement ou estimation justifie des dépenses réalisées dans le cadre du projet ;
-Utilisation du crédit au prorata de la part d'autofinancement engagée ou versé au compte d'investissement entrant dans le cadre de projet ;

Auteur : Kawele Kouadio- Économiste de développement- expert analyse crédit
Email : kawele86@gmail.com- Téléphone : +22549540122

-Signature de la convention de crédit.

-Il n'y a pas que ces conditions, mais il existe d'autres qui peuvent être prescrites.

Résumé : Démarche suivie par le SFD avant octroie de crédit d'investissement :

-Etude de la demande de crédit de l'entreprise par le SFD

-Rejet de la demande de crédit suite à une analyse sectorielle non concluante en fonction de critères seuils

-Le SFD étudie la nouvelle proposition, suite du processus de décision.

-Rejet de la demande de crédit suite à l'analyse des données, passées et présentes relatives à l'entreprise, historique du suivi si clientèle, questions liées aux garanties...)

-Rejet de la demande de crédit suite à l'analyse prospective du plan prévisionnel d'exploitation, et en particulier de la capacité de remboursement de l'entreprise, de l'opportunité d'un financement par le crédit (le SFD peut être amenée à demander à l'entreprise de réviser sa demande et de la représenter après modification significative du projet ou à proposer un autre mode de financement).

-Négociation des caractéristiques du crédit détermination de la stratégie de l'entreprise de la relation que le SFD entretiendra avec l'entreprise

-Décaissements de fonds relatifs à la mise en place de l'investissement

Auteur : Kawele Kouadio- Économiste de développement- expert analyse crédit
Email : kawele86@gmail.com- Téléphone : +22549540122

1- Analyse financière de l'entreprise

Il s'agit de s'appuyer essentiellement sur l'analyse des éléments du bilan et du compte d'exploitation……

Fonds de roulement net (F.R.N) Fonds de roulement propre (F.R.P), Besoin en fonds de roulement (B.F.R) et trésorerie nette (T.N)

Définitions des termes :

-FRN

Il représente l'excédent des capitaux permanents mis à la disposition de l'entreprise sur les immobilisations nettes.
Il donne une idée précise de la manière dont les immobilisations nettes sont financées. Un fonds de roulement

net négatif signifie qu'une partie des immobilisations nettes est financé avec des ressources à court terme.

-F.R.P

Il représente l'excédent des capitaux propres sur les immobilisations nettes. Il ne doit pas obligatoirement être positif
FRP = Capitaux propres – Immobilisations nettes

-BFR

Il s'agit des besoins permanents de capitaux pour financer le décalage entre les achats et leur paiement d'une part, la production, les ventes et leur paiement d'autre part.

Trésorerie nette = fonds de roulement net – Besoins de fonds de
Roulement

Quel que soit le secteur d'activité, une trésorerie nette négative sera toujours une menace pour une entreprise soumise à des soubresauts de conjoncture.

Auteur : Kawele Kouadio- Économiste de développement- expert analyse crédit
Email : kawele86@gmail.com- Téléphone : +22549540122

Capitaux propres + dettes à long termes +amortissement + prévisions	Actifs immobilisés

FRN = Ressources stables -   Emplois stables

Stocks + Créances + avances fournisseurs	Avances clients + dettes fournisseurs + dettes fiscales et sociales

BFR= Actifs circulants brut -   passif à court terme

(hors trésorerie)   (hors découverts)

BILAN PAR GRANDE MASSE OU BILAN FONCTIONNEL

Actifs immobilisés= Emplois stables =500 000 FRN = 660 000 – 500 000 = 160 000	Capitaux permanents (capitaux propres + dettes long terme + Amortissement + Prévisions pour risques et charges + Emprunts et dettes financières (hors découverts) + Dépréciations de l'actifs= Ressources stables = 660 000
Stocks + Avances fournisseurs + Créances clients + Autres créances= Actifs circulants = 310 000	Avances clients + Dettes fournisseurs + dettes fiscales et sociales + Autres dettes= Passifs court termes = 210 000
BFR = 310 000 – 210 000 = 100 000	TN = FRN – BFR = 160 000 - 100 000 TN = 60 000

Auteur : Kawele Kouadio- Économiste de développement- expert analyse crédit
Email : kawele86@gmail.com- Téléphone : +22549540122

L'excédent de financement sur les investissements (FRN) permet de financer la totalité du besoin de fonds nécessité par l'activité (BFR) et dégager une disponibilité = structure financière saine. Alors cette situation traduit une aisance de trésorerie, on parle d'une autonomie financière à court terme de l'entreprise.

Actifs immobilisés	Capitaux permanents (capitaux propres + dettes long terme + Amortissement + Prévisions pour risques et charges + Emprunts et dettes financières (hors découverts) + Dépréciations de l'actifs
Emplois stables =500 000	
FRN = 560 000 – 500 000 = 60 000	
	Ressources stables = 560 000
Stocks + Avances fournisseurs + Créances clients + Autres créances	Avances clients + Dettes fournisseurs + dettes fiscales et sociales + Autres dettes
	Passifs court termes = 210 000
Actifs circulants = 310 000	
BFR = 310 000 – 210 000 = 100 000	TN = FRN – BFR = 60 000 -100 000 TN = -40 000

Ici l'excédent de financement sur les investissements (FRN) est insuffisant pour financer la totalité du besoin de fonds nécessité par l'activité (BFR), il s'ensuit un découvert de 40 000 = structure financière risquée à terme si cette symptomatique est récurrente.

Auteur : Kawele Kouadio- Économiste de développement- expert analyse crédit
Email : kawele86@gmail.com- Téléphone : +22549540122

Actifs immobilisés	Capitaux permanents (capitaux propres + dettes long terme + Amortissement + Prévisions pour risques et charges + Emprunts et dettes financières (hors découverts) + Dépréciations de l'actifs
Emplois stables =500 000	
FRN = 460 000 – 500 000 = - 40 000	Ressources stables = 460 000
Stocks + Avances fournisseurs + Créances clients + Autres créances	Avances clients + Dettes fournisseurs + dettes fiscales et sociales + Autres dettes
	Passifs court termes = 210 000
Actifs circulants = 310 000	
BFR = 310 000 – 210 000 = 100 000	TN = FRN – BFR = -40 000 - 100 000
	TN = -140 000

Le déficit de ressources pour financer les investissements (FRN de – 40 000) s'ajoute au besoin de fonds nécessite par l'activité (BFR de 100 000), il s'ensuit un découvert du cumul des deux soit – 140 000 = structure financière risquée à court terme.

Pour faire face à une telle situation l'entreprise peut agir sur le FRN et sur le BFR :

Comment agir sur le FNR :

Capitaux propres : Augmentation de capital, modifier la politique de distribution des dividendes.

Dettes à long terme : Contracter de nouveaux crédits à long terme Consolider des crédits à court terme

Immobilisations nettes : Vendre les immobilisations désaffectées modifier la politique d'amortissement

Auteur : Kawele Kouadio- Économiste de développement- expert analyse crédit
Email : kawele86@gmail.com- Téléphone : +22549540122

Comment agir sur le BFR :

Le stock : Améliorer la circulation des stocks, optimaliser les
notions de stocks, minimum et stocks maximum,
stocks à flux tendus.

Les créances : Raccourcir la durée du crédit « Clients »
Dettes commerciales Allonger la durée du crédit
« Fournisseurs »

2- Analyse des ratios

Il existe un grand nombre de ratios. Toutefois, nous aborderons ceux qui du point de vue du banquier sont liés à la fonction financière de l'entreprise.
L'analyse des ratios aide à comprendre comment l'entreprise utilise ses ressources et si elle peut absorber un crédit. Elle permet de gérer les risques internes liés au crédit.
Les ratios les plus importants sont :

a- La rotation (rotation du stock, mais aussi des créances et dettes)
b- Les marges
c- Les ratios
Il ne faut pas compliquer l'analyse avec beaucoup de ratios. C'est mieux de se concentrer sur l'analyse de l'essentiel.

a- Rotation du stock- rotation des créances-rotation des dettes

La rotation du stock montre combien de fois le stock tourne pendant une période donnée
Formule simplifié :
- Rotation de stock= stock/CMV(Achat)
- Rotation créances= créances clients/ventes à crédit
- Rotation des dettes= dettes fournisseurs/achat à crédit

Auteur : Kawele Kouadio- Économiste de développement- expert analyse crédit
Email : kawele86@gmail.com- Téléphone : +22549540122

b- les marges

Les marges commerciales

Le taux de marge nous aide à analyser une activité au cours du temps et voir sa sensibilité aux fluctuations des prix et couts.
Les marges peuvent être utiles pour comparer les entreprises qui exercent la même activité.
- Marges nette = résultat net/ventes
- Marges brute = résultat/ventes

c - Les ratios

Il y a des ratios qui nous aident à mieux analyser l'entreprise, d'autres qui sont décisifs pour un crédit.
Les limites des ratios
Les limites principales :
- Exactitude des données fournies
- Changements rapides du bilan
- Les ratios peuvent s'améliorer mais les chiffres totaux peuvent détériorer.
- Les croissements des données
A cause d'un manque de données fiables, on est obligé d'utiliser des moyens différents pour vérifier les informations fournies. Il y a plusieurs approches pour faire des croisements.
Quels croisements vous connaissez ?
Présentez des exemples à partir de vos cas analysés.
Exemple de croissements possibles
Accumulation de la caisse (Bilan : Liquide) avec les ventes après les derniers achats.
Accumulation de caisse contre le stock nécessaire et les prochains achats.
Caisse journalière contre les ventes journalières.
Créances vs. Informations sur ventes à crédit et vente mensuelle.

Croissements de la capacité de remboursement
Croisement : Fonds disponibles et Accumulation des fonds propres (bilan et ménage !)
Croisement des dernières dépenses exceptionnelles, des investissements et de la croissance depuis le dernier crédit par rapport aux fonds propres.

Il est nécessaire de signaler qu'un ratio pris de façon isolée ne présente que peu d'intérêt, il doit être complété, renforcé et nuancé par d'autres ratios. C'est cette étude comparative qui permet au banquier d'extraire les renseignements souhaités.

Auteur : Kawele Kouadio- Économiste de développement- expert analyse crédit
Email : kawele86@gmail.com- Téléphone : +22549540122

- Ratio de liquidité

Le ratio de liquidité montre comment une entreprise peut couvrir ses dettes à courte terme.

Ratio de liquidité générale= Actif courant (Liquidité+créances+stock) /Passif courant (dettes courte terme)

Un bon ratio est au moins de 1.5. Ça veut dire que si toutes les dettes de courte terme sont dues au même jour, l'entreprise aura encore des actifs courant pour continuer l'activité.

Ratios de solvabilité

Appelé « ratio de solvabilité » ou « risque liquidatif », il mesure le degré d'implication des associés dans l'entreprise. -

Le ratio de solvabilité le plus important pour notre analyse est le taux d'endettement. Elle montre combien de patrimoine est financé par des dettes, et combien par des fonds propres.

Le ratio nous montre le plafonnement d'un crédit, la dette totale ne devrait jamais dépasser les fonds propres.

R1 = Capitaux propres / Total Passif

Il doit impérativement être égal ou supérieur à 20%. Il est d'autant plus satisfaisant lorsqu'il dépasse les 45%.

R2= Capitaux permanents/ Total Passif

Ce ratio détermine la part des capitaux permanent alloués aux emplois longs. Il convient qu'il soit toujours supérieur à 1 car le taux de couverture des immobilisations par les ressources stables c'est-à-dire le FRN.

R3 = Fonds propres/ Total passif

L'objectif de ce ratio est de vérifier que la part des ressources de financement à moyen et long terme apportées par les tiers n'est pas excessive au regard des fonds propres nets de l'entreprise. Il est reconnu que les tiers ne doivent pas être plus engagés dans l'entreprise que le sont ses propres propriétaires.

R4 = Fonds de roulement/ VE-Fonds réalisables

Ce ratio exprime le degré de couverture des postes circulants non immédiatement liquidés (BFR maximal) par le fonds de roulement

R5 = Fonds de roulement net / BFR

Ce ratio démontre le degré de couverture de BFR par le FRN.

Le FRN doit couvrir une part significative du BFR afin de limiter les dettes à un niveau raisonnable.

Lorsque ce ratio (R5) est supérieur à 100%, il exprime une trésorerie positive.

Auteur : Kawele Kouadio- Économiste de développement- expert analyse crédit
Email : kawele86@gmail.com- Téléphone : +22549540122

Ce ratio indique la part du BRF financée par la trésorerie nette lorsque cette dernière est négative.

R6 = Trésorerie nette / BFR

Appelé « productivité du capitale », il mesure l'intensité productive de l'outil de production. Toute augmentation de ce ratio indique une dégradation de la trésorerie nette devant être minutieusement analysée.

R7= Chiffres d'affaires (hors taxes) / Actif immobilisé

Ratios d'autonomie financière (2) :

R1 = Dettes à moyen et long terme / Capitaux propres

Ce ratio permet d'apprécier le niveau de dépendance (autonomie) de l'entreprise vis-à-vis de sa dette à long terme. Il mesure les capacités d'endettement de l'entreprise.

Il peut être calculé de plusieurs manières :

fonds propres/fonds permanents ou DLMT/fonds permanents.

La norme veut que les fonds propres soient deux fois plus supérieurs aux DLMT. Il serait donc préférable que ce ratio soit inférieur à 50%.

R2= Dettes à Moyen et Long Terme/ Capacité d'autofinancement

Il mesure le nombre d'années que mettrait la CAF à rembourser ses engagements à moyen et à long terme. Il est considéré comme satisfaisant tant qu'il ne dépasse pas 3 ans.

Ratios de liquidité (3) :

La liquidité d'une entreprise détermine son aptitude à faire face à ses obligations à court terme. Ces ratios évaluent la capacité de celle-ci à honorer ses engagements à court terme.

R1 = Actif circulant/Dettes à court terme

Appelé «ratio de liquidité générale » il illustre les capacités de l'entreprise à transformer en liquide l'actif circulant pour couvrir ses dette à moins d'un an. Lorsqu'il est supérieur à 1, ce ratio traduit un financement partiel des dettes à court terne par les capitaux permanents.

R2 = VR + VD /DCT

Il s'agit du ratio de « liquidité réduite » les DCT sont couvert sous avoir recours à la vente des stocks.

Auteur : Kawele Kouadio- Économiste de développement- expert analyse crédit
Email : kawele86@gmail.com- Téléphone : +22549540122

R3= Valeurs disponibles/DCT

Appelé «ratio de liquidité immédiate » ce ratio renseigne sur les possibilités de couverture des DCT par les par les valeurs immédiatement liquides sans avoir recours ni aux stocks ni aux créances.

a- Ratios de gestion (3):

Cette famille de ratios traduit les vitesses de rotation des stocks, des encours clients et des délais fournisseurs.

Le ratio de rotation des stocks mesure la durée de stockage des marchandises et des matières premières dans l'entreprise. Autrement dit, le nombre de jours nécessaires à l'écoulement des stocks de l'entreprise.

Le ratio de produits finis mesure la vitesse d'écoulement des produits finis après leur fabrication.

R1 = (Stock des produits en cours/ production totale) X 360 jours

Ce ratio exprime la durée du cycle d'exploitation des produits.

En principe, d'année en année, il doit aller en diminuant. Si une augmentation est enregistrée, celle-ci peut être expliquée par un renouvellement de l'outil de production non encore maitrisée ou alors par la vétusté des équipements.

R2= Clients- Effets à recevoir/ ChAff (TTC)

Ce ratio représente la durée moyenne des crédits accordés par l'entreprise à son client. L'idéal serait de réduire ce délai car toute augmentation engendre un accroissement en BFR.

Cette augmentation peut être due soit à une mauvaise gestion des créances clients soit à la mauvaise qualité de la clientèle.

fois elle peut provenir de la politique commerciale adoptée par l'entreprise pour gagner des parts de marché.

R3= Fournisseurs –effets à payer/ Achats (TTC)

Celui-ci permet de connaître la politique que suit l'entreprise en matière de crédits fournisseur.

Il doit être supérieur au ratio des délais clients dans le cas d'une entreprise commerciale. 3/-Les Ratios de rentabilité (2)

« La rentabilité d'une entreprise est l'aptitude d'un capital à gagner un bénéfice. Selon le point de vue adopté son calcul diffère ».

Cette famille de ratios montre l'aptitude de l'entreprise à gagner des résultats par rapport aux moyens mis en oeuvre.

Pour l'entreprise, la rentabilité s'évalue en comparant le montant de l'investissement et celui du résultat dégagé indépendamment du mode de financement : c'est la notion de rentabilité économique (R1).

R1 = Résultat d'exploitation / Total Actif

Auteur : Kawele Kouadio- Économiste de développement- expert analyse crédit
Email : kawele86@gmail.com- Téléphone : +22549540122

Pour les propriétaires (actionnaires ou associés) c'est le résultat net obtenu (après charges financières et impôts) qui doit être comparé au montant des apports : il s'agit de la rentabilité financière (R2).
La rentabilité financière vient donc conforter les associés. En effet, plus son taux est élevé, plus les associés présents et futurs sont confiants quant au produit de leur placement.

R2 = Résultat net / Fonds Propres

La rentabilité financière d'une entreprise peut être améliorée en ayant recours à l'endettement, à condition que le coût des emprunts soit inférieur au taux de rentabilité économique. Il s'agit de l'effet de levier dont la formulation est la suivante :
Effet de levier = rentabilité financière - rentabilité économique

Ratio de rentabilité de l'activité :

R1 = Marge Commerciale / Chiffres d'Affaires (HT)

Ce ratio nous renseigne sur la part de la marge permettant de couvrir les charges de l'entreprise à l'exception des coûts d'achat des marchandises vendues.
La connaissance de ce taux est très importante pour une entreprise commerciale où seul le coût d'achat est directement proportionnel aux ventes (toutes les autres charges ont un caractère) Ce ratio apprécie la part du résultat net produit par le chiffre d'affaires (R2).

R2 = Résultat Net / Chiffres d'affaires (HT)

R3= VA/Chiff AF (HT)

Ou encore Valeur Ajoutée /Production
Celui-ci mesure l'importance de la valeur ajoutée par rapport à l'intégralité du chiffre d'affaires ou la production totale. Plus ce ratio est élevé plus le niveau d'intégration de l'entreprise est important. Cela signifie que plus il est proche de 1 moins `entreprise fait appel aux tiers et inversement.

Ratio de répartition de la valeur ajoutée :

Revenu du personnel = Frais du Personnel/ VA
D'après les normes, les charges du personnel ne doivent en aucun cas dépasser la moitié de la valeur ajoutée et doivent diminuer d'année en année.
Revenu du Bailleur de fonds = Frais financiers/ VA
La norme des revenus de capitaux empruntés est de 5% devant tendre à s'annihiler.
Revenu de l'État = Impôts et taxes / VA
Ce ratio détermine la part de la valeur ajoutée revenant à l'État.

Revenu de l'Entreprise = CAF / VA

Cette part représente le reliquat de la valeur ajoutée. En effet, c'est une fois que tous les créanciers privilégiés sont payés (personnel, État et prêteurs) que l'entreprise se constitue une rémunération.

Auteur : Kawele Kouadio- Économiste de développement- expert analyse crédit
Email : kawele86@gmail.com- Téléphone : +22549540122

DEUXIEME PARTIE : CONTRÔLE INTERNE

Auteur : Kawele Kouadio- Économiste de développement- expert analyse crédit
Email : kawele86@gmail.com- Téléphone : +22549540122

INTRODUCTION GENERALE

De manière rétrospective, nous avons assisté à la fermeture de plusieurs banques dans le monde entier dans les années 80 causé par les scandales financiers, la crise financière internationale. Cette situation a conduit les agents économiques à se tourner vers d'autres sources de financement. Parmi ces sources de financement nous avons les microfinances.

En effet ces institutions ont pour vocation de permettre à des agents économiquement faibles d'avoir accès à des services financiers pour améliorer leurs activités et/ou leur confort social. A cet effet elles jouent comme les banques un rôle d'intermédiation financière, entre les agents à capacité de financement et ceux qui expriment un besoin de financement.

Nous avons assisté un développement considérable de ces institutions depuis les vingt dernières années et se formalisant dans plusieurs régions du monde. Cette évolution est due à cause de la crise financière des années 80 qui a sévèrement affecté l'économie et en particulier le système financier aussi par le durcissement des conditions d'accès aux services bancaires imposés par les banques classiques marginalisant de ce fait une grande frange de la population surtout des zones rurales. Dès lors, les structures de microfinances se sont révélées de plus en plus attractives par leur proximité, la simplicité de leur approche commerciale et leur capacité d'adaptation présumée.

Mais, étendre l'accès aux services financiers, via les institutions de microfinance, tout en maintenant et en améliorant leur pérennité, est l'un des principaux défis à relever car il y a des risques de faillite et ses conséquences fâcheuses sur les épargnants donc enfin de permettre au secteur de jouer pleinement son rôle comme instrument de lutte contre la pauvreté, les établissements de microfinance sont désormais contrôler conjointement par le ministère des finances et la Commissions Bancaire.

Le référentiel COSO définit le contrôle interne comme un processus mis en œuvre par les dirigeants à tous les niveaux de l'entreprise et destiné à fournir une assurance raisonnable quant à la réalisation des trois objectifs suivants :

· la réalisation et l'optimisation des opérations,
· la fiabilité des informations financières,
· et la conformité aux lois et règlements

Auteur : Kawele Kouadio- Économiste de développement- expert analyse crédit
Email : kawele86@gmail.com- Téléphone : +22549540122

Pour la Consultative Commitee of Accountancy de Grande-Bretagne en 1978, « le contrôle interne comprend l'ensemble des systèmes de contrôle financiers, mis en place par la direction afin de pouvoir diriger les affaires de l'entreprise de façon ordonnée et efficace, d'assurer le respect des politiques de gestion, de sauvegarder les actifs et de garantir autant que possible l'exactitude et l'état complet des informations enregistrées »

La Compagnie Française des Commissaires aux Comptes (CFCA), quant à elle définit le contrôle interne comme « l'ensemble des mesures comptables ou autres que la direction définit, applique et surveille, sous sa responsabilité, afin d'assurer la protection du patrimoine de l'entreprise et la fiabilité des enregistrements comptables et des comptes annuels qui en découlent »

En fin, l'Institut de l'Audit Interne « le contrôle interne est un dispositif de la société, défini et mis en œuvre sous sa responsabilité. Il comprend un ensemble de moyens, de comportements, de procédures et d'actions adaptés aux caractéristiques propres de chaque société qui contribue à la maîtrise de ses activités, à l'efficacité de ses opérations et à l'utilisation efficiente de ses ressources. Le contrôle interne doit permettre de prendre en compte de manière appropriée les risques significatifs, qu'ils soient opérationnels, financiers ou de conformités. »

Les définitions sont variées ; « dispositifs », « moyens », « procédés », « systèmes ». Mais elles ne sont pas fondamentalement contradictoires. On perçoit bien que tous s'accordent pour préciser qu'il ne s'agit pas là d'une fonction, mais d'un ensemble de dispositifs mis en œuvre par les responsables de tous les niveaux pour maîtriser le fonctionnement de leurs activités.

Le contrôle interne n'est donc pas né aujourd'hui au regard des définitions énoncées plus haut et vu de nombreuses thèses et recherches dans ce domaine. Ceci traduit l'importance capitale du contrôle interne au sein de l'entreprise et son intérêt d'être enseigné aux étudiants. Le contrôle interne se justifie également au sein de l'entreprise part les intérêts divergents des parties formant le corps social de l'entreprise à savoir le groupe des actionnaires propriétaires de l'entreprise, les dirigeants qui assurent la gestion de l'entreprise, les employés, l'état ...Etc. la théorie de l'agence nous permet de mieux cernée la place du contrôle dans la mesure où le groupe des actionnaires met en place des mécanismes de contrôle des dirigeants pour réduire leur opportunisme. Il en est de même des mécanismes de contrôle mis en place par les dirigeants pour s'assurer que ses activités sont convenablement maîtrisées à tous les niveaux pour lui permettre d'atteindre ses objectifs.:

Quels sont les mécanismes de contrôle interne mis en œuvre dans les IMF ?

Auteur : Kawele Kouadio- Économiste de développement- expert analyse crédit
Email : kawele86@gmail.com- Téléphone : +22549540122

Ces mécanismes mis en œuvre contribuent-ils à la maîtrise de ses activités, à l'efficacité de ses opérations et ses risques significatifs, qu'ils soient opérationnels, financier ou de conformités ?

Le dispositif du contrôle interne augmente l'assurance contre les risques d'une gestion opaque des affaires, contribue à l'efficacité et à l'efficience des utilisations des ressources de l'entreprise, mais ne garantit pas l'assurance totale, contre les dérapages de certains opérationnels et dirigeants d'entreprise.

Cet ouvrage a pour souci majeur d'apporter des éclairages sur un certain nombre de volets de cet outil moderne de management, pour permette aux opérationnels dans ce secteur d'avoir une idée sur la manière dont ils devront apprécier leurs dispositifs du contrôle interne, afin de prévenir les risques éventuels, de mieux comprendre le fonctionnement quotidien de l'entreprise en nous imprégnant momentanément dans le monde du travail, tenter de maîtriser les principes généraux de contrôle interne et connaître l'actualité le concernant.

Auteur : Kawele Kouadio- Économiste de développement- expert analyse crédit
*Email : kawele86@gmail.com- **Téléphone : +22549540122***

CHAPITRE I : MICROFINANCE

Ce chapitre permettra de prendre connaissance des IMF. La première section s'intéresse à l'historique, l'objectif et le caractère social des microfinances. La deuxième section parle de leurs structures organisationnelles.

SECTION I : PRESENTATION DES MICROFINANCES

A - HISTORIQUE

1 - Genèse

Les institutions modernes de microfinance sont apparues au milieu des années 70 en Asie et Amérique latine (Bangladesh et Grameen Bank fondé en 1978). Ces institutions ont subi plusieurs mutations et peuvent exister sur plusieurs formes : banque mutualiste ou coopérative, (caisse d'épargne, -caisse de crédit municipal, société financière ou institution financière spécialisée).

C- OBJECTIS ET CARACTERE SOCIAL

1 – Objectifs

Les institutions de microfinance ont pour but précis la lutte contre la pauvreté en fournissant aux agents économiques à faible revenu d'avoir accès aux services financiers afin de développer leurs activités et par-dessus améliorer leurs conditions de vie.

2 – Caractère social

Les IMF permettent à la Classe Sociale à faible revenu de bénéficier des avantages du système bancaire et contribution dans la lutte contre la pauvreté et le chômage.

D - LES PRINCIPAUX PRODUITS DES MICROFINANCES

Les IMF offrent principalement deux types de produit :

Auteur : Kawele Kouadio- Économiste de développement- expert analyse crédit
*Email : kawele86@gmail.com- **Téléphone** : +22549540122*

Les produits financés et les produits non financés

1 - les produits financiers

Les produits financés sont essentiellement des prêts et la collecte de l'épargnes. Les prêts octroyés par les microfinances servent à financer les activités génératrices de revenu. Les institutions de microfinance n'octroient pas des crédits de consommation contrairement au banque classique. Les prêts ont un cout, il s'agit du taux d'intérêt, des frais d'ouverture de compte, les frais de dossier, les frais d'assurance.
Par compte certains agents économiques à faible revenu différent une partie de leur revenu dans le temps, ce qui constitue une source pour les microfinances pour financer les agents à besoin de financement. Cette source doit être la priorité pour les établissements de crédit du fait qu'elle a un faible cout.

2 - les produits non financiers

Certaines microfinances ont des produits non financiers, il s'agit essentiellement des services rendus à la clientèle notamment tels que le transfert de fonds via le réseau western Union, les mises à dispositions, l'encaissement des chèques, les certifications chèques et bien d'autres qui peuvent augmenter le chiffre d'affaire.

3 - Ouverture des comptes

■ L'ouverture de compte

L'ouverture de compte doit être précédée d'une vérification par le guichetier de l'identité et de la capacité de la personne physique sollicitant cette ouverture.
Pour l'ouverture d'un compte, le guichetier doit relever les renseignements d'identité du titulaire du compte sur un carton qu'on appelle carton de signature. Ce carton servira également à recueillir un spécimen de la signature du client afin de pourvoir vérifier l'authenticité des ordres qu'il transmettra à la banque
L'ouverture de compte est également mentionnée sur un état que l'on appelle le registre des ouvertures de comptes qui est tenu dans l'ordre des ouvertures effectuées.
 Un numéro de compte doit être attribuer au client et repris sur un carnet d'épargne ou un relevé d'identité bancaire qui comprend le nom du client, le code de la banque, le code de l'agence, et le numéro de compte du client.
Tous ces renseignements permettront d'identifier sans erreur l'agence et son client au niveau des opérations effectuées entre agence du réseau.
A l'ouverture de compte ou à tout moment après celle-ci le titulaire d'un compte peut donner procuration à un tiers pour lui permettre d'effectuer des opérations de retraits dans son compte.

Auteur : Kawele Kouadio- Économiste de développement- expert analyse crédit
Email : kawele86@gmail.com- Téléphone : +22549540122

■ Les différents comptes et conditions d'ouvertures

Les comptes d'épargne donnent droit annuellement aux intérêts. Il peut être calculé soit chaque semestre soit chaque trimestre. Contrairement au compte courant qui subit un prélèvement des frais de tenue de compte.

Le compte individuel
· Document attestant le lieu de résidence
· Le dépôt minimum
· La photocopie de la pièce d'identité en cours de validité.
· 2 photos 4X4

Compte d'Association
· Document attestant le lieu de résidence
· 2 photos 4x4 par signataire
· La photocopie de la Carte d'Identité Nationale de chaque signataire en cours en de validité
· Procès-Verbal de l'Assemblée Générale, désignant les signataires, les statuts légalisés
· Le dépôt minimum

Le Compte courant
Généralement ce compte est lié au crédit. C'est sur ce compte le déblocage des prêts se font et ainsi les versements des remboursements des prêts. Il y a toujours un frais de tenue du compte qui varie selon les institutions.
Les conditions d'ouverture de ce compte sont :
· Document attestant le lieu de résidence
· Un dépôt minimum
· 04 photo 4x4
· La photocopie de la pièce d'identité en cours de validité, passeport

Le compte d'entreprise
Il a presque le même fonctionnement que le précédent, la seule différence est qu'ici le propriétaire du compte est une personne morale et il peut avoir un ou plusieurs signataires selon le statut dudit établissement.
Les conditions d'ouverture sont ;
· Statuts et procès-verbal désignant les signataires

Auteur : Kawele Kouadio- Économiste de développement- expert analyse crédit
Email : kawele86@gmail.com- Téléphone : +22549540122

· Registre de commerce
· Titre de patente en cours de validité
· Carte de contribuable et la Carte Nationale d'Identité de chaque signataire en cours de validité
· Document attestant le lieu de résidence
· Un dépôt minimum

Toute opération de retrait doit se faire au guichet et le guichetier est tenu à vérifier l'identité, la signature en demandant à la personne présente au guichet de lui fournir la photocopie de sa pièce ainsi que l'original. C'est également le guichetier qui veille à ce que tous les comptes d'épargne. Il doit enfin prêter une grande attention au cours de la saisie pour que l'opération d'un client soit effectivement saisie dans son compte.

4- Méthode de calcul des intérêts

Il y a deux types d'intérêt : intérêt simple et intérêt composé

On parle d'intérêt simple quand les intérêts sont calculés uniquement sur le capital. En d'autre terme c'est quand les intérêts ne produisent pas eux-mêmes des intérêts contrairement aux intérêts composés

.

Auteur : Kawele Kouadio- Économiste de développement- expert analyse crédit
Email : kawele86@gmail.com- Téléphone : +22549540122

	FORMULE	EXEMPLE
INTERET SIMPLE	$I = C * i * x\, n$ avec I somme des intérêts C= capital I= le taux d'intérêt n= la durée du placement	1000 euro placés pendant un an à 3% $I = 1000*0.03*1 = 30$ euro Capital en fin de période 1030 euro
INTERET COMPOSE	$C = Co\,(1+i)n$ $I = C - Co = Co[(1+i)n-1]$ Co : capital origine	1000 euro placés pendant 2 ans à 30% $C = 1000(1.03)2 = 1060.9$ $I = 1000*3\% + 1030*3\% = 60.90$

Auteur : Kawele Kouadio- Économiste de développement- expert analyse crédit
Email : kawele86@gmail.com- Téléphone : +22549540122

1- L'ENVIRONNEMENT CONCURRENTIEL

Le marché de la microfinance n'est pas un marché de monopole, il s'agit en claire d'un marché de concurrence pure et parfaite. Ce secteur regorge un nombre important d'établissement financier c'est dire que la concurrence est très rude dans ce secteur et chaque entreprise se bat donc pour conserver sa part de marché.

Au regard du nombre croissant des établissements de microfinance tout montre à croire que ce marché est juteux donc une institution de microfinance doit effectuer des analyses externes avant de s'installer et internes de façon périodique pour les menaces, les opportunités, ses forces et faibles afin d'assurer la pérennité de ces différents réseaux.

2- ANALYSE EXTERNE

Les agences sont au cœur de l'augmentation du produit net de toute institution de microfinance. Étant donné que toute agence est en interaction avec son environnement donc pour mieux cerner le potentiel réel de l'environnement, une analyse externe doit être faite. Cette analyse doit se baser sur les trois composants qui constituent l'environnement de toute agence qui est l'offre, la demande et le marché.

Cette analyse a pour objectif de dresser le tableau de l'activité économique du secteur, situer la concurrence leur emplacement et leur positionnement, anticiper les orientations futures, analyser l'évolution de la population, déterminer les grandes masses du marché potentiel afin de reconnaitre sa part du marché, faire ressortir les caractéristiques de la zone et définir les limites de cette zone.

Au sortie de cette analyse la personne chargée doit pouvoir dresser un bilan du fonds de commerce permettant de détecter les opportunités et les menaces, déterminer les cibles de la population à conquérir et sélectionner les offres de produit adaptées à la population.

Cette analyse doit être réalisée à partir des collectes d'informations auprès des autorités compétentes de cette zone (conseil régional, direction départementale de l'équipement, office tourisme et chambre de commerce...)

Auteur : Kawele Kouadio- Économiste de développement- expert analyse crédit
Email : kawele86@gmail.com- *Téléphone : +22549540122*

Elle peut être réalisée soit par l'entreprise elle-même ou par un organisme extérieur spécialisé.

3- ANALYSE INTERNE

Cette analyse permet de détecter les points forts et faibles de l'agence. Elle doit se faire sur le portefeuille client, qui le centre d'une agence qui permet de dégager une activité commerciale et une rentabilité.

Elle consiste à dresser un état de la clientèle, apprécier l'encours et leur évolution en fonction des caractéristiques du fonds de commerce et évaluer la rentabilité de l'agence.

Elle permet de comparer la position de l'agence et sa part de marché entre les caractéristiques du marché et celles du fonds de commerce.

Après avoir ressortir les points forts (types de clients sollicités) et faibles (type de clients délaissés et marges de progressions) il faut mettre en place des actions commerciales correctrices que le siège doit prendre en compte lors des prochaines campagnes commerciales.

SECTION III: CONTRÔLE INTERNE

L'homme est sans doute l'une des ressources importantes de l'entreprise, en ce sens que ce sont les hommes qui pensent, actionnent les machines et organisent le travail. Il va donc falloir organiser ces hommes de la manière la plus efficiente possible, afin que chacun sache exactement quel est son rôle et à qui il doit rendre compte. Le personnel au sein des IMF est regroupé d'une part dans les services et à la tête de chaque service il y a un responsable et d'autres parts dans les agences et à la tête d'une agence se retrouve un chef d'agence.

1- SERVICE CONTROLE GENERAL

Le contrôle général est chargé de suivre l'ensemble de la gestion de l'institution afin de garantir :

· La protection et la sauvegarde de son patrimoine ;
· La qualité de l'information ;
· L'amélioration de ses performances.

Auteur : Kawele Kouadio- Économiste de développement- expert analyse crédit
Email : kawele86@gmail.com- Téléphone : +22549540122

Ce service doit être géré pour des contrôleurs internes.

Les procédures internes sont conçues de manières spécifiques pour chaque aspect de l'activité de l'entreprise dont la direction juge nécessaire de garantir et de protéger contre les risques. De ce fait le contrôle interne se base sur les procédures pour mener ses activités et n'est pas censé tout maîtrisé, mais est censé savoir comment expliquer tout au sein de l'entreprise. A ce titre, ses interventions portent sur :

· Le contrôle des opérations comptables ;
· Le contrôle des opérations de caisse ;
· Le contrôle des opérations de crédit ;
· le contrôle du fonctionnement général de l'entreprise ;

Le contrôleur général, est l'un des principaux collaborateurs du Directeur, produit un rapport sur ses activités de contrôle tous les mois. Par ailleurs, il est tenu d'approcher tous les agents, d'apprécier la qualité de leur travail respectif, de s'enquérir des éventuelles difficultés ou manquements, et de les aider à trouver des solutions, dans un climat de convivialité et compréhension réciproque. Sa mission, loin d'être coercitive, consiste plutôt à aider le personnel à améliorer ses performances à tous les niveaux.

2- LA PRATIQUE DU CONTROLE INTERNE

Tout établissement de microfinance doit utiliser les mécanismes de contrôle interne pour s'assurer que le personnel respecte les politiques et procédures organisationnelles. Au cours de cette partie nous allons présenter dans une première, les risques qui guettent un établissement de microfinance du fait de son activité ainsi que les contrôles types adaptés à chaque activité pour réduire les risques puis dans la deuxième section nous allons présenter les disfonctionnements rencontrés.

Les risques liés aux catastrophes naturelles, aux crises économiques ou aux guerres, tiennent de l'environnement externe et ne peuvent être contrôlé par contre les risques inhérents aux opérations internes sont énormes.

■ Le risque de crédit

Tout établissement de crédit s'expose au risque de crédit dès lors qu'il accorde à un client un crédit et que celui-ci ne respecte pas les échéances du prêt. Il s'agit d'un d'une perte de capital qui constitue un frein important pour la pérennité de l'entreprise, c'est un risque qui n'épargne pas les microfinances au regard impayés

Auteur : Kawele Kouadio- Économiste de développement- expert analyse crédit
Email : kawele86@gmail.com- Téléphone : +22549540122

que nous avons observé dans les comptes d'ATLANTIQUE MICROFINANCE, ADVANS et BAOBAB..

■ **Le risque de liquidité**

C'est le risque de perte de revenus ou de capital dûe à l'incapacité à s'acquitter de ses obligations lorsqu'elles arrivent à échéance. Il tient généralement à une mauvaise planification de la trésorerie. Une gestion efficace des liquidités repose sur la compréhension de l'impact que peuvent avoir les modifications du marché et sur la capacité à liquider rapidement les actifs dans le cas d'un accroissement des demandes de prêt ou de retraits sur épargne. Donc pour se protège de ce risque il faut faire des réserves de liquidités. Il faut mettre en place une fiche de suivi de la trésorerie chaque jour pour contrôler les flux de trésorerie au niveau des agences et des banques. Concrètement chaque fin de soirée chaque responsable d'agence est tenue de fournir le niveau de ses encaisses au responsable de la trésorerie, de même le responsable de la trésorerie est tenu de demander au banque partenaire la position du compte de la microfinance pour mettre à jour ce fichier

■ **Le risque de transaction**

Ce risque correspond au risque de perte financière de la négligence d'un employé, d'une mauvaise gestion, d'erreurs liés aux systèmes ou d'erreurs humaines. La réduction du risque de transaction est l'un des objectifs majeurs que le système de contrôle doit mettre en place. Nous pouvons citer par exemple l'oubli d'un chef d'agence de débiter les comptes des clients dont les prêts sont arrivés à échéances ou alors comptabilisent juste l'amortissement du prêt et ne tiennent pas compte des intérêts et commissions.

■ **Le risque de fraude**

Il concerne les pertes financières résultant d'une escroquerie intentionnelle par un employé ou un client. Le principal type de fraude est le vol direct d'agent, par exemple dans des agences, ils peuvent exister des manœuvres, un agent peut encaisser une somme lors d'un recouvrement et ne pas versé cette somme ou versé à partir, peut augmenter les frais de dossier et en pocher cette somme, peut faire un dossier fictif... Il est donc clair que le personnel des agences manipule des sommes importantes, les contrôles dans les agences sont d'une importance capitale. S'ils demeurent incontrôlés, ces risques augmentent inévitablement car les activités frauduleuses ont les fâcheuses habitudes de se propager rapidement d'un employé à l'autre.

Auteur : Kawele Kouadio- Économiste de développement- expert analyse crédit
Email : kawele86@gmail.com- Téléphone : +22549540122

Une fois que nous avons identifié ses principaux risques, il revient maintenant de voir comment les mécanismes de contrôle interne mise en place par l'établissement de microfinance aident à les atténuer.

3- LE PROCESSUS DE CONTROLE INTERNE DES ACTIVITES

■ Le contrôle des engagements

Il s'agit du contrôle des opérations de crédit, recouvrement et contentieux :

La plus grande difficulté ici est que les procédures existent mais en partie seulement, par exemple il n'existe pas une procédure liée au suivi du contentieux.

■ L'analyse des dossiers de crédit

Le contrôle ici consiste à s'assurer du respect de la politique de crédit, il est prévu

Pour chaque client sollicitant un concours bancaire

- L'ouverture d'un dossier dont la chemise est déjà préfabriquée

- Dans chaque dossier de crédit on doit retrouver, la demande de crédit rédigé et signé par le client, la fiche d'analyse de crédit, cette fiche comporte les informations suivantes

- Nom du client
- Montant sollicité
- Durée du prêt
- Type du prêt
- Garanties proposées par le client.
- La fiche d'analyse du crédit

Sur cette fiche le gestionnaire donne son avis sur le dossier qu'il a pris soin d'étudier puis transmet ce dossier au comité. Au niveau des décisions de crédit dans certaines institutions il y a des plafonds de décision. Le chef d'agence peut donner son accord à un certain montant ainsi le superviseur, ainsi de suite jusqu'au DG ou PDG.

Aucun prêt n'est mis en place si les garanties autorisées ne sont pas matérialisées. Dans le cas d'un découvert ou d'une facilité de caisse une fois les garanties matérialisées, le client peut passer son compte débiteur sans aucune autre forme de restriction.

Auteur : Kawele Kouadio- Économiste de développement- expert analyse crédit
Email : kawele86@gmail.com- Téléphone : +22549540122

Dans le cas d'un prêt amortissable avant de passer à la phase de mise en place le chef d'agence doit d'accord requérir l'accord du chef de la cellule juridique, après quoi le prêt est donc mis en place.

· Que chaque dossier crédit a fait l'Objet d'une étude et a obtenu l'accord.
· S'assurer que le montant mis en place correspond au montant accordé par le comité de crédit
· Vérifier que la durée du prêt est respectée par le chef d'agence
· Que les garanties sont matérialisées et conservées au coffre
· Que les annuités du prêt sont respectées
· Que les dossiers crédit sont bien tenus

Voilà en quelque ligne comment le service contrôle surveille les engagements dans les IMF, mais cette procédure devrait être plus efficace si une procédure écrite en bonne forme mise à la disposition des employés et du contrôle.

4- Le contrôle des opérations comptables

Le contrôle des opérations comptable consiste à s'assurer des points suivants :

■ **Le contrôle de la régularité de la tenue de la comptabilité ;**

Nous allons limiter notre travail ici exclusivement au traitement comptable des opérations bancaires propres. La comptabilité générale ne fait donc pas partie de ce travail car sans savoir le pourquoi, les contrôleurs n'ont pas accès aux informations contenu dans les états financiers et ne sont même pas en mesure d'en juger la fiabilité ou donner leur opinion sur les informations contenues dans ces états. C'est qui est un frein à l'exercice de la fonction du contrôleur. Ceci est sûrement la volonté de la direction d'orienter son contrôle beaucoup plus sur le contrôle des espèces et des opérations courantes.

Ce contrôle vise à s'assurer que la comptabilité est tenue de façon régulière au jour le jour et sans interruption de manière à assurer la traçabilité des opérations. Ce type de contrôle est très important puisque les agences ne sont pas connivences en réseau et il existe un flux important des opérations propres à l'agence mais aussi les opérations déplacées effectuent en direction des autres agences du réseau. Il est donc nécessaire de s'assurer que écritures comptables sont enregistrées dans les comptes des clients concernés de manière à ne pas leurs pénalisés par le système de date de valeur, mais aussi à s'assurer que le client qui a effectué une opération déplacée ou émis un ordre est servi à temps avec moins de retard possible.

La procédure prévoit donc :

Auteur : Kawele Kouadio- Économiste de développement- expert analyse crédit
Email : kawele86@gmail.com- Téléphone : +22549540122

- **Pour les clients domiciliés à l'agence.**

Pour les opérations de versement

Il n'existe pas de procédure formelle en matière d'encaissement d'espèces, sauf celle basé sur la mémoire et transmise de génération en génération et qui devient par la suite une règle à respecter par toutes les nouvelles recrues. Le contrôle ne peut se fier qu'aux habitudes reconnues pour effectuer les contrôles liés au versement d'espèces pourtant nous savons bien que toute procédure doit être écrite. En cas de problème le contrôle s'efforce juste à demander à la caissière « comment est que tu as fait », ou alors « tu ne savais pas que ça se passe comme ça » ce qui pose dont un réel problème à résoudre pour éviter un contrôle arbitraire et éviter le doute dans la tête des caissiers.

Nous avons pu retenir et observer de cette procédure les éléments suivants :

- Les bordereaux de versement sont remplis par les clients
- Les caissières vérifient l'argent reçu des clients avec un détecteur de faux billet
- Élaborer un bordereau de versement informatique ou manuel
- Remette une copie du bordereau au client après signature
- Et saisissent les versements dans les comptes du client

- **Pour les opérations de retrait d'espèce.**

La procédure ici est écrite et contenu dans une note de service sûrement parce qu'il s'agit d'une opération de sortie de fonds donc il faut donc éviter le risque de perte, la direction est donc regardant sauf que les employés ne s'intéressent pas du tout aux notes de service donc ne sont même pas au courant qu'une telle procédure existe. Ici encore on observe bien que les employés se basent toujours sur les enseignements reçus des anciens. Ce qui pose très souvent problème dans la mesure où même l'ancien en question n'a pas pris connaissance de cette procédure en question. Une opération de retrait rend en cours dès qu'un client désire retirer des fonds dans son compte, la procédure prévoit : Pour tout retrait de fonds

- **L'opération commence au guichet**

Le client remet au guichetier sa carte d'identité nationale ainsi que la photocopie de la pièce ou toutes pièces valides pouvant servir pour l'identifier, ainsi que la somme qu'il désire retirer inscrite sur la photocopie de la pièce sa signature et la date du jour.

· Le guichetier doit d'abord vérifier le solde du client dans son compte c'est-à-dire vérifié si le client a de la provision dans son compte.
· Vérifier les signatures autorisées

Auteur : Kawele Kouadio- Économiste de développement- expert analyse crédit
Email : kawele86@gmail.com- Téléphone : +22549540122

· Vérifier l'identité du bénéficiaire nom et prénom en conformité avec la carte d'identité

■ **Pour les opérations déplacées**

Les procédures d'écriture dans le cadre des versements et retraits d'espèces sont également en vigueur dans ce cas. La suite ici consiste à décrire comment une opération quitte d'une agence à une autre.

La direction dans le but de préserver son image et ses engagements envers les clients a mis en place toute une vaste procédure pour pallier aux problèmes de retard ou éventualités pouvant survenir.

■ **Pour les opérations d'encaissement cheque**

· Le client se présente au guichet avec son chèque de banque
· Il lui est délivré un bordereau d'encaissement cheque
· Le chèque est ensuite enregistré dans un registre ouvert pour garder la trace de l'opération
· Le chèque est ensuite transmis à la banque de domiciliation.

5- ANALYSE DES JOURNEES COMPTABLES

Ce contrôle permet d'identifier en temps réel les éventuelles incohérences et irrégularités sur les comptes. Au cours de leur passage dans les agences, les contrôleurs procèdent à la vérification point par point de chaque écriture enregistrée dans les comptes

En claire si les procédures usuelles sont respectées on ne devrait en principe pas avoir des irrégularités. Pour le faire cette vérification les contrôleurs ont besoin du journal des opérations de la journée ainsi que l'ensemble des pièces comptables ayant servir à leur passation.

Le premier contrôle s'effectue au niveau des pièces suivantes :
· Vérification de la nature de l'opération
· Vérification des signatures autorisées pour éviter les fraudes et malversations
· Vérification des numéros de séquence portée à la main de préférence avec du bic rouge
Le deuxième contrôle au niveau du journal
· S'assurer que chaque écriture du journal comporte une pièce
· S'assurer du respect de la partie double
· S'assurer en fin si l'imputation est conforme

Auteur : Kawele Kouadio- Économiste de développement- expert analyse crédit
Email : kawele86@gmail.com- Téléphone : +22549540122

Toutes les erreurs observées au cours de ce travail sont immédiatement régularisées par le contrôleur.

6- LE CONTROLE COMPTABLE DES COMPTES : LE RAPPROCHEMENT BANCAIRE

En tant qu'établissement financier, les institutions de microfinance effectuent la grande partie de ses opérations avec les banques partenaires qui nécessite un rapprochement permanent pour éviter des risques de détournement et détecter les erreurs à temps pour les régulariser. Il en est de même pour les comptes de transfert interne concernant les opérations de trésorerie entre les agences du réseau. Pour effectuer le rapprochement on doit disposer les éléments suivants :

■ **Le compte bancaire**

L'outil le plus efficace utilisé pour gérer l'argent comptant est le compte bancaire. Il fournit un double enregistrement de toutes les affaires traitées en espèces ou par chèques. Afin de contrôler efficacement l'utilisation des comptes bancaires, des documents spéciaux sont employés pour retracer les transactions. Des registres de signature sont utilisés par tous les employés autorisés à faire des retraits. Les récépissés de dépôt doivent accompagner les dépôts d'argent, et des chèques doivent être émis pour tous les paiements. Les banques exigent généralement qu'un solde minimum (solde de compensation) soit respecté.

■ **Le relevé bancaire**

L'avantage d'utiliser un compte bancaire pour contrôler les mouvements en argent comptant consiste dans le fait que les banques envoient un relevé bancaire mensuel à l'entreprise relatif au compte. Ce document rapporte toutes les transactions portées au compte. L'information normalement présentée dans le relevé bancaire comprend les soldes de début et de fin, les dépôts, les autres crédits, les retraits et autres débits. Il est rare que le solde du relevé bancaire et celui du déposant soit exactement le même, et c'est pour cette raison qu'ils doivent être rapprochés.

■ **Le rapprochement bancaire proprement dit**

Un rapprochement bancaire est une méthode employée pour déterminer les raisons des anomalies entre le solde du relevé bancaire et le solde du compte de « banque » ou « caisse » et pour calculer le solde rectificatif. Les anomalies sont habituellement dues aux transactions exceptionnelles lesquelles n'ont pas été encore enregistrées par la banque ou par l'entreprise, et elles incluent typiquement les chèques qui n'ont pas encore été présentés pour la collection, les dépôts en transit et les charges reliées au service bancaire. Les erreurs sont une autre cause

Auteur : Kawele Kouadio- Économiste de développement- expert analyse crédit
Email : kawele86@gmail.com- Téléphone : +22549540122

commune d'anomalie que la réconciliation bancaire aidera à corriger. En conclusion, le rapprochement peut découvrir des irrégularités.

Un rapprochement bancaire est divisé en deux sections : solde sur le relevé bancaire et le solde sur la comptabilité du l'entreprise. Bien qu'il soit possible de rapprocher un solde avec l'autre, la pratique courante consiste à ajuster les deux soldes pour s'équilibrer l'un par rapport à l'autre. Les transactions exceptionnelles qui sont inconnues du déposant grâce au relevé bancaire exigent que des écritures comptables soient passées au journal.

L'ensemble des suspens relève est porté sur un état, ceux qui sont anormaux sont directement régularises par le service contrôle.

L'établissement du rapprochement bancaire peut relever un déphasage dans le processus de remise chèque à l'encaissement.

7- LE CONTROLE PHYSIQUE DE CAISSE

Il vise à :
· L'explication des différences de caisse ;
· La validation des pièces pour la passation des écritures de différence de caisse, ou des erreurs de caisse ;
· La participation au contrôle de `encaisse en coffre ;
· La vérification des arrêtés de caisse

Pour se prémunir du risque de fraude ou de détournement, il est prévu dans chaque agence un système de contrôle approprié. Le contrôle de premier niveau ici revient de prime à bord au responsable de l'agence qui doit s'assurer de l'existence réelle des fonds en caisse. Il passe par les étapes suivantes :

A la clôture d'une journée de travail, la ou le caissier(e) doit imprimer son état d'arrêté de caisse le chef d'agence comparera à l'existant physique en coffre, le contre à ce niveau se fait par coupure par liasse et par lot. Une coupure est la valeur portée sur un billet par exemple coupure de 10 000, par contre une liasse représente un ensemble de coupure, les billets sont d'abord rangé en liasse de 10 puis en lot de 100, donc un lot de 100 pour une coupure de 10 OOO F CFA vaut 1 000 000 FCFA.

A la fin de ce pointage, il existe un registre de report des arrêtés il est recommandé à chaque chef d'agence de mettre à jour ce registre en y inscrivant la valeur des arrêtés et éventuellement les excédents et manquants.

Ce registre doit être émargé non seulement par le chef d'agence et le/la caissier(e) mais également par tout autre employé qui détient les clés d'accès au coffre pour marquer leur reconnaissance et leur responsabilité à l'égard des fonds en coffre

Auteur : Kawele Kouadio- Économiste de développement- expert analyse crédit
Email : kawele86@gmail.com- Téléphone : +22549540122

Le contrôle de contradiction opéré ici permet de mettre en évidence soit un manquant, soit un excédent et tel que soit le cas un rapport est donc adressé au service contrôle qui effectue une descente sur le terrain.

Le contrôle physique de caisse de second niveau est effectué par les contrôleurs et se fait de façon inopinée pour contrer d'éventuelle complicité entre le chef d'agence et les caissiers. Le même parcours comme ci-dessus est respecté.

Malgré les contrôles effectués par le chef d'agence et les contrôleurs les risques demeurent et nécessite une attention particulière que nous verrons dans la section suivante.

8- LE CONTROLE LIE A L'INFORMATIQUE

Il n'y a pas une procédure écrite en matière de contrôle du système informatique. Cependant de temps en temps et au gré de la direction, une instruction est donnée au service contrôle pour vérifier juste les applications et les niveaux d'accès pour chaque utilisateur. Pourtant le système informatique cours des risques en permanence au niveau de la base de données qui est constamment attaqué. Il arrive des fois ou les données d'une agence se trouvent entièrement écrasé par le service informatique et ceci à l'insu même de la direction encore moins du contrôle. Le risque de fraude, de saisie de fausses écritures dans le système comptable, ou d'erreur peut s'avérer plus coûteuses pour l'entreprise.

9- LE CONTROLE DE LA SECURITE

Le contrôle de la sécurité ici vise la protection des actifs donc dispose l'entreprise et du système de sauvegarde des données ou des archives.

■ Le matériel informatique

Le contrôle s'assure du bon fonctionnement du matériel informatique, du contrôle des onduleurs, des circuits électriques. Le matériel informatique est constamment en panne car l'achat du matériel est uniquement confié au service informatique on peut donc remettre en cause la qualité de ce matériel confié à un seul individu.

■ Les extincteurs

Pour éviter et lutter contre les incendies, les extincteurs disponibles dans les agences sont contrôlés régulièrement pour s'assurer que les dates prévues pour la recharge sont respectées

■ Les vigiles

Les vigiles sont des personnes qui assurent en permanence la sécurité des agences, l'aspect administratif du contrôle n'est pas exercée par le service du

Auteur : Kawele Kouadio- Économiste de développement- expert analyse crédit
Email : kawele86@gmail.com- Téléphone : +22549540122

contrôle, mais au moins le contrôle s'assure de la présence effective des vigiles dans les agences de jour comme de nuit. Le risque couru ici est le fait que les employés utilisent les vigiles comme leur coursier.

■ Les policiers

Pour faire face au menace récurrente des braquages des agences, la direction doit prendre l'engagement de nouer des conventions avec les services de sécurité. Chaque agence dispose de deux agents de police pour assurer la sécurité. Le problème rencontré est la prise tardive des fonctions par ces policiers qui arrivent généralement très en retard, pénalisant l'ouverture de l'agence.

■ Les alarmes

Toujours pour faire face au vol des bandits un système d'alerte est mis en place. Ainsi le contrôle s'assure en permanence du bon fonctionnement des alarmes.

Le suivi des clés d'accès dans les agences

Chaque agence est dotée d'une chambre forte et c'est dans cette chambre qu'on conserve les fonds en espèces et toute autre garantie perçue de la clientèle. L'accès à cette chambre est contrôlé par un système de doubles clés. Les clés sont remises à deux employés distincts de manière à ce que la présence de ces employés soit indispensable pour l'ouverture du coffre. Il en n'est de même pour les différentes portes de l'agence. Le problème rencontre ici est l'absence du respect de cette procédure par les employés. Il nous est arrivé de constater que les employés laissent dans les agences certaines clés donnant d'accès au coffre au sein de l'agence.

Auteur : Kawele Kouadio- Économiste de développement- expert analyse crédit
Email : kawele86@gmail.com- Téléphone : +22549540122

CHAPITRE II : CONCEPTION D'UN MANUEL DE PROCEDURE

SECTION I : PROCEDURE DE CAISSE

Remplir le bordereau de versement manuel par le client en respectant les coupures. Encaissement des fonds par la caissière qui prendra le soin de vérifier la véracité des billets par un détecteur de faux billet, effectuer un contrôle à l'unité et par coupure.

L'établissement d'un bordereau informatique établi en deux exemplaires par la caissière ou un bordereau d'encaissement manuel établi en trois exemplaires dans le cas d'indisponibilité du système informatique.

Le bordereau de versement doit être signé par la caissière et contresigné par le client.

L'original du bordereau informatique doit être remis au client après avoir tamponner du cachet reçu et l'autre copie jointe au bordereau manuel préalablement rempli par le client et saisie directement dans son compte par la caissière. Pour le bordereau d'encaissement manuel, la caissière remet également l'original premier exemplaire au client, le second d'exemplaire est coupé et joint au bordereau de versement manuel préalablement établi par le client et saisie directement dans son compte par la caissière et enfin le dernier exemplaire est conservé dans le carnet contenant les bordereaux pré numérotés.

SECTION II : PROCEDURE DE CONTROLE DES ENGAGEMENTS : UNE EXPERIENCE MISE EN OEUVRE

1- Administration du crédit.

Les questions qui suivent permettent d'évaluer si l'information sur le client a été correctement collectée et traité.

· La demande de crédit est-elle correctement remplie et complète ?

· Le dossier de crédit est-il complet, par exemple contient -il toutes les informations sur l'identité de l'emprunteur ?

· Les procédures d'autorisation ont - elles été respectées ? par exemple si le montant du prêt était plus élevé que le plafond autorisé par l'agence, les signatures requises sont-elles été obtenues ?

Auteur : Kawele Kouadio- Économiste de développement- expert analyse crédit
Email : kawele86@gmail.com- Téléphone : +22549540122

· Les reçus contenus dans le dossier correspondent-ils au grand livre.

2- Analyse du crédit

Les questions qui suivent permettent d'évaluer la pertinence de la décision de crédit :
· L'analyse de la demande de crédit a-t-elle été bien faite ? Vérifier cinq critères : moralité, stabilité, profil, situation économique, capacités de remboursement, son historique, la garantie proposée couvre le prêt à 120%. Cet examen permet de vérifier que l'information utilisée pour approuver le crédit justifiait bien la décision prise.
· La durée du prêt est-elle adaptée à l'activité du client ? En répondant à cette question le contrôleur évalue la probabilité d'un remboursement à l'échéance en comparant les flux de trésorerie anticipés de l'entreprise client au calendrier de remboursement du prêt.
· Les calculs réalisés pour justifier la décision de crédit sont - ils corrects ? (Par exemple calcul de l'échéance sur le fonds de roulement prenant en compte la rotation du stock et son ratio d'endettement)
· Le dossier contient -il tous les éléments requis ? Notamment reçus, titre foncier, le registre de commerce, les documents prouvant la propriété de l'entreprise et des éventuels garanties fouines. Cet examen permet de déterminer si le processus d'approbation du crédit a respecté la politique définie.

3- Remboursements.

Les questions qui suivent permettent d'évaluer la fiabilité des informations portant sur la qualité du porte feuilles.

· La date et le montant des remboursements ont - ils été correctement enregistrés ? la vérification se fait par le tableau d'amortissement donc un exemplaire doit être remis au client et un conservé dans le dossier. Ici le contrôleur doit s'assurer de l'effectivité de ce tableau dans le dossier.

· Si l'institution accepte des remboursements partiels, le solde de la tranche apparaît - il en impayé ? Beaucoup d'IMF n'autorisent pas des remboursements partiels à cause de la complexité de gestion qu'ils représentent et pour maintenir l'intégrité de leur système d'information comptable. Si les remboursements partiels sont autorisés, le contrôleur doit vérifier que les rapports sur la qualité du portefeuille font bien apparaître la particularité de ces remboursements, c'est-à-dire ne les traitent pas comme des remboursements normaux.

· Les prêts ont -ils été refinancées, c'est à dire remplacées par un nouveau prêt ? Si c'est le cas, cette pratique est -elle reflétée dans le système d'information de

Auteur : Kawele Kouadio- Économiste de développement- expert analyse crédit
Email : kawele86@gmail.com- Téléphone : +22549540122

gestion ? Beaucoup d'IMF n'autorise le refinancement des prêts à cause de la difficulté de suivi qu'ils représentent. Les prêts refinancés ne doivent pas être traités de la même manière que les prêts à jour dans le système d'information de gestion. L'IMF doit s'assurer que son SIG est doté d'un mécanisme simple permettant de distinguer les prêts refinances des prêts à jour afin d'éviter toute confusion et garantir la transparence du rapport sur la qualité des crédits.

· En cas d'impayés, une garantie a-t-elle été saisie ? La valeur réelle de cette garantie a-t-elle été enregistrée ? Il arrive souvent que la valeur de la garantie change ou soit initialement surestimée par l'agent de crédit. Au moment de la saisie, l'IMF doit s'assurer qu'elle enregistre bien la valeur réelle de la garantie saisie, ainsi que le montant que l'institution est susceptible de retirer de sa vente pour solder le prêt. Si la valeur de la garantie saisie n'est pas suffisante pour couvrir le solde du prêt, l'IMF doit alors enregistrer le solde comme perte ou comme montant restant du par le client, selon la politique de l'institution.

· Les employés peuvent-ils falsifier les dossiers des clients dans le système d'information de gestion ? La plupart des grandes institutions de microfinance ont des systèmes d'informatique qui restreignent l'accès des employés aux dossiers des clients à leur strict domaine d'opération. Le contrôleur doit s'assurer que les dossiers présentent une image fidèle de l'histoire des clients, la meilleure façon de la faire dans une IMF étant de rendre visite aux clients.

4- Contrôle des provisions

Les contrôleurs examinent l'exposition au risque due à une mauvaise politique de provision sur créance douteuse ou à une mauvaise gestion des recouvrements. Les provisions doivent correspondre aux échéances. Les prêts doivent être pondérés en fonction du risque qu'ils représentent suivant un processus systématique d'évaluation de leur qualité. Les microcrédits étant généralement à court terme, le provisionnement doit être plus prudent au sein des IMF qu'au sein des institutions financières traditionnelles. Par exemple, un microcrédit d'une durée de trois mois en retard de 60 jours présente probablement un risque plus grand qu'un prêt à cinq ans en retard de 90 jours. Le contrôle de la politique de provisionnement comprend les étapes suivantes :

· Examiner le processus de consolidation de l'information contenue dans les rapports pour vérifier l'exactitude de la classification des prêts, c'est-à-dire sa conformité à la balance d'âgée. Les contrôleurs ne doivent pas en tenir aux seules données chiffrées figurant dans ces rapports mais doivent vérifier que la qualité du portefeuille de crédits est documentée de manière fiable et que l'évolution des impayés est transparente.

· S'assurer que les provisions sont adéquates et conformes à la politique définie. Les contrôleurs doivent vérifier que les provisions ont par le passé suffi à couvrir les pertes sur les créances irrécouvrables réelles. Dans le cas contraire, les contrôleurs

Auteur : Kawele Kouadio- Économiste de développement- expert analyse crédit
Email : kawele86@gmail.com- Téléphone : +22549540122

doivent porter cette lacune à la connaissance de la direction afin que celle - ci puisse modifier la politique de provisionnement.

· Vérifier l'authenticité des prêts par l'intermédiaire des visites aux clients et valider les causes de non remboursement préalablement à l'abandon de créances. Ce n'est qu'en discutant des crédits avec les clients que l'IMF est en mesure de découvrir les prêts fantômes et d'autres types de fraude. En outre, l'IMF peut exploiter l'information collectée par les auditeurs sur les causes d'impayés pour améliorer le produit et les procédures de prêt de façon à réduire le risque dans le futur.

5- Abandons de créances

Les IMF doivent définir un calendrier d'abandon de créances pour les crédits présentant un solde résiduel et un retard de remboursement supérieur à un certain nombre de jour. Bien que les crédits passés en perte puissent encore générer des revenus pour l'IMF, ils sont particulièrement vulnérables à la fraude et à la mauvaise gestion du fait qu'ils n'apparaissent plus au bilan.

Le processus d'abandon des créances comprend les étapes suivantes :

· Examiner les écritures du grand livre correspondant aux abandons de créances depuis le dernier contrôle et vérifier que les procédures d'autorisation ont été respectées. Une augmentation des abandons de créances peut être un signe de fraude ou de mauvais contrôle du risque crédit. Les contrôleurs doivent identifier la cause de tout changement significatif du montant des abandons de créances.

· Vérifier le bon traitement des remboursements effectués sur des crédits déjà passés en perte. Tout remboursement versé après l'abandon de la créance correspondante est particulièrement vulnérable à la fraude, car les agents de crédit peuvent le collecter sur le terrain et ne pas l'enregistrer une fois le retour dans l'agence. Une fois encore, ce n'est qu'en rendant visite aux clients après l'abandon de créances que les auditeurs peuvent contrôler qu'il n'y a pas eu détournement.

· Détecter la présence éventuelle de charges de recouvrement excessives ou fictives. Comme pour les autres charges, les contrôleurs doivent vérifier les montants dépensés pour le recouvrement et estimer si leur niveau est raisonnable.

· Le cas échéant, s'assurer que les garanties sont vendues à leur prix maximum. Les contrôleurs doivent vérifier la procédure utilisée pour vendre les garanties et s'assurer que les employés des agences ne reçoivent pas de pots de vin ou d'autres avantages pour vendre les biens en dessous du prix du marché.

Auteur : Kawele Kouadio- Économiste de développement- expert analyse crédit
Email : kawele86@gmail.com- Téléphone : +22549540122

CONCLUSION

Pour garantir la bonne marche et la pérennité de ces organismes, chaque établissement se doit de se doter d'un système de contrôle interne adapté à son profil de risque et à sa structure opérationnelle d'ailleurs ce dispositif est rendu obligatoire par le règlement sur les SFD.

Le contrôle interne se définit comme l'ensemble des sécurités contribuant à la maîtrise de l'entreprise. Il a pour but d'un côté d'assurer la protection, la sauvegarde du patrimoine et la qualité de l'information, l'application des instructions de la direction et favoriser l'amélioration des performances. Il se manifeste par l'organisation, les méthodes et les procédures de chacune des activités de l'entreprise pour maintenir la pérennité de celle-ci.

Le contenu de cet ouvrage n'est pas exotique. Il énumère les risques dont les IMF font face et donne certaines pratiques relatives au contrôle interne des institutions de microfinance. Il a pour but de mettre à la disposition des dirigeants et les contrôleurs des IMF d'avoir des idées des risques dont courent les IMF. La pérennité des IMF dépendent d'une bonne maitrise des risques. Mais au regard de tout il y a des impayés qui existent donc il faut une maitrise des procédures de recouvrement.

Auteur : Kawele Kouadio- Économiste de développement- expert analyse crédit
Email : kawele86@gmail.com- Téléphone : +22549540122

TROISIEME PARTIE : RECOUVREMENTS

Auteur : Kawele Kouadio- Économiste de développement- expert analyse crédit
Email : kawele86@gmail.com- Téléphone : +22549540122

1- CONSTATATION DES IMPAYES

Le recouvrement : C'est une opération amiable ou judiciaire tendant au paiement d'une dette d'argent que réclame un créancier à son débiteur.

La définition du recouvrement explique déjà son importance dans la gestion du crédit. Vous avez vu l'importance du crédit dans la rentabilisation d'un SFD par les intérêts qu'elle peut gagner en prêtant les fonds déposés par les clients qui en font la demande. Or, pour être rentable, le SFD doit non seulement récupérer les intérêts sur les prêts consentis, mais aussi le capital prêté. Quand on sait que le capital dans un prêt représente un montant beaucoup plus important que les intérêts, la perte du capital d'un crédit non remboursé doit être considérée comme une catastrophe, d'autant plus qu'il s'agit de l'épargne des clients.

Généralités/ EC & SFD

Les meilleures pratiques internationales à travers le monde suggèrent que la pérennité est un but accessible pour les institutions de financement. Le cours Mesure et Contrôle des Impayés engage les participants dans une étude de d'un élément important qui a un effet sur l'objectif de pérennité des institutions de Financement : la gestion des impayés.

La pérennité, distincte de l'autosuffisance, est un concept qui va plus loin que le simple équilibre financier, et se base sur le postulat suivant :

PERENNITE

=

COUVERTURE DES

Charges financières (y compris les coûts des ressources et inflation)

+

Dotation nette aux provisions pour créances douteuses

+

Coûts opérationnels (dont charges de personnel et charges administratives)

+

Capitalisation pour la croissance

PAR LES PRODUITS FINANCIERS

Auteur : Kawele Kouadio- Économiste de développement- expert analyse crédit
Email : kawele86@gmail.com- Téléphone : +22549540122

Que sont les impayés (Établissements de crédit)?
Une situation dans laquelle des remboursements de crédits sont en retard.
• ...un crédit en impayé (ou un crédit en retard) est un crédit sur lequel des remboursements sont en retard. (Caime dow)
• ...les impayés, appelés aussi arriérés ou retards de remboursement, mesurent le pourcentage d'un portefeuille de crédits qui est à risque. (USAID)
• ...des échéances impayées ou en retard sont des remboursements dont l'échéance est dépassée ; des crédits en retard sont des crédits sur lesquels au moins un remboursement est en retard. (Adapté de SEEP).
Causes des impayés.

Causes liées à l'institution :
1. Retard de déblocage des crédits
2. Retard de décaissement par rapport au calendrier des activités
3. Crédit fictif
4. Détournement des remboursements
5. Corruption
6. Dossier de prêt mal étudié (montant surévalué ou sous-évalué)
7. Mauvaise appréciation des risques
8. Insuffisance, mauvaise ou manque de suivi
☐ Causes liées à l'emprunteur :
1. Incompréhension du contrat de prêt
2. Mauvaise foi
3. Mauvaise gestion
4. Détournement de l'utilisation des fonds
5. Détournement de l'objet du prêt
6. Perte d'emploi, vol
7. Maladies, accident, disparition, décès
8. Manque de caution solidaire ou manque de solidarité

Causes externes :
1. Aléas climatiques (sécheresse, cataclysme naturel, incendie)
2. Fluctuation des prix, grève, guerre, conjoncture économique
3. Pressions politiques, coup d'état

Conclusion :

In fine, l'institution elle-même est responsable des impayés même quand la cause la plus évidente semble externe parce que c'est l'institution qui fixe ses principes, qui génère sa culture de remboursement, qui inculque la discipline de crédit à son personnel et ses emprunteurs et qui doit prévoir les événements qu'elle ne contrôle pas.

Auteur : Kawele Kouadio- Économiste de développement- expert analyse crédit
Email : kawele86@gmail.com- Téléphone : +22549540122

2- CLASSIFICATION DES CREANCES EN SOUFFRANCE OU DOUTEUX

Il y a beaucoup d'acteurs dans les impayés, mais seule l'Institution Financière est capable d'agir
Coût des impayés et des créances irrécouvrables
Les impayés coûtent cher à une Institution de Financement. Les conséquences sont
• Le ralentissement de la rotation du portefeuille
• Le retard des produits d'intérêts
• Les frais de recouvrement augmentent (suivi, analyse, charge des actions judiciaires)
• La réduction des marges d'exploitation
• La crédibilité de l'institution en pâtit

• Les problèmes de recouvrement croissants
• La menace de la viabilité de l'institution sur le long terme
Les coûts financiers des impayés et des créances irrécouvrables :
Un impayé est un manque à gagner pour la trésorerie de l'entreprise
Les créances irrécouvrables sont catastrophiques et il est difficile de récupérer tous les fonds en impayés ou perdus.
Les impayés augmentent les frais de recouvrement (visites, analyses, frais de justice) et réduisent les marges d'exploitation.
Les provisions pour créances douteuses réduisent les bénéfices.
• L'institution perd la partie non recouvrable de l'encours de crédit ou de la créance
• Les abandons de créances se traduisent par une décapitalisation du portefeuille de l'institution (perte d'actifs).

Mesurer des impayés
La qualité du portefeuille
L'encours de crédit (ou portefeuille) est le montant total du capital restant dû sur les crédits octroyés par l'institution.
Caractéristiques de l'encours de crédit
· Principal actif
· Il génère des revenus (intérêts et commissions)
· Il est l'outil de production de l'institution ;
· Il est la raison d'être de l'institution

Mesure de la qualité du portefeuille de crédits
Pour tout ratio qui mesure la qualité du portefeuille, il faut se demander ce qui est au numérateur et ce qui est au dénominateur.
Seuls les ratios avec "l'encours de crédit" dans la formule mesurent la qualité du portefeuille.
Le taux de remboursement ne mesure pas le risque des pertes potentielles (l'encours de crédit n'est pas pris en compte dans ce ratio).

Auteur : Kawele Kouadio- Économiste de développement- expert analyse crédit
Email : kawele86@gmail.com- Téléphone : +22549540122

Ratios de mesure de la qualité du portefeuille de crédits :
Les ratios vous permettront d'analyser les relations financières pour diagnostiquer l'état de santé de votre institution.
Les ratios clés doivent être suivis régulièrement pour mesurer les résultats.

Indicateur	RATIO	MESURE
portefeuille à risque classé par ancienneté	Capital restant dû ayant Des versements en retard d'au moins (1, 31, …) jours/ Encours de crédits	Combien pourriez-vous perdre si tous les emprunteurs en retard cessaient de rembourser? Le classement par ancienneté permet de distinguer les crédits très risqués des crédits moins risqués (plus le retard est important, plus le risque d'irrécouvrabilité est
taux d'impayés	Montant en retard/ Encours de crédit	Le non remboursement est-il fréquent? Mesure le montant du capital qui est dû mais impayé.
taux de remboursement	Montant remboursé (à jour et en retard) moins remboursements anticipés/ Total dû pour la période + montant en retard des périodes	Compare le montant remboursé au montant échu/attendu sur une période. Ne donne pas d'information utile sur les performances de l'encours de crédits
taux de recouvrement globale sur la période	Montant recouvré pendant la période (P ou P+I)/ Montant dû pour la période (P ou P+I) d'après les termes du contrat de prêt	Peut être traité algébriquement pour prévoir le taux d'abandon de créances. Fluctue de mois en mois ; n'est significatif que sur une longue
taux annuel 'abandon de créances	Montant devenu irrécouvrable pendant la période/ Encours de crédits moyens	Coût annuel des impayés, qui doit être compensé par une augmentation du produit des intérêts.

Mesure du portefeuille à risque :
Formule du taux d'impayés= Montant en retard/Encours de crédit

OBSERVATIONS : sur le Portefeuille à risque (PAR)
Le PAR est le meilleur indicateur de la qualité d'un portefeuille
Le taux d'impayés surestime la qualité du portefeuille
La mesure du PAR est la meilleure pour analyser la qualité du portefeuille mais elle est difficile à appliquer dans certains cas, par exemple dans les systèmes des caisses

Auteur : Kawele Kouadio- Économiste de développement- expert analyse crédit
Email : kawele86@gmail.com- Téléphone : +22549540122

villageoises qui acceptent des remboursements partiels. L'institution octroie un crédit global à la caisse villageoise et ne suit pas les dossiers de prêt individuels.

Le PAR a aussi des limites pour les portefeuilles en croissance rapide, et il diminue avec les pertes sur créances irrécouvrables. Ces facteurs peuvent masquer des problèmes institutionnels.

EXEMPLE DE BALANCE AGEE D'IMPAYES DE PTF DE CREDITS OU APPROCHE DES IMPAYES PAR CATEGORIES D'ANCIENNETE

Portefeuille à risque	1-30 jours	31-60 jours	61-90 jours	Plus de 90 jours
10%	4%	2%	2%	2%

3- TRAITEMENT DES PROVISIONS :

Les provisions ne sont que des écritures et des estimations comptables.
Ces opérations n'ont pas d'implication sur les disponibilités.
Les dotations aux provisions pour créances douteuses pour un exercice sont passées en charges au compte de résultat.
Le crédit correspondant se constitue progressivement dans le bilan au poste provisions, qui est un actif négatif.
L'écriture comptable :
Débit Dotations aux provisions pour créances douteuses
Crédit Provisions pour créances douteuses

4- TRAITEMENT DES ABANDONS DE CREANCE

Un abandon de créances n'est qu'une écriture comptable. Il ne signifie pas que la procédure de recouvrement auprès de l'emprunteur doit être interrompue.
Les Pertes sur créances irrécouvrables ou abandons de créances sont enregistrés lorsqu'il est certain que des créances sont irrécouvrables
L'écriture comptable :
Débit Provision pour créances douteuses
Crédit Encours de crédit brut
il diminue à la fois la provision pour créances douteuses, et l'encours de crédits.
L'effet des provisions pour créances douteuses, les dotations, et les abandons de créances sur les états financiers :
Les Institutions Financières doivent avoir une politique de dotations aux provisions et de provisions pour créances douteuses qui donne une image fidèle des états financiers.
Cette politique doit être établie sur la base de l'historique des performances du portefeuille.

Auteur : Kawele Kouadio- Économiste de développement- expert analyse crédit
Email : kawele86@gmail.com- Téléphone : +22549540122

Les dotations aux provisions pour créances douteuses sont une charge, elles affectent la pérennité de l'institution.

La provision pour créances douteuses est enregistrée comme un actif négatif dans le bilan et comme une réduction de l'encours net.

Les Institutions Financières doivent avoir une politique réaliste d'abandon des créances.

Contrôler les impayés : La perception des emprunteurs

	Remboursement à l'échéance	Remboursement en retard ou non effectué
A V A N T A G E S	Accès immédiat à des crédits de montant plus important Acquisition d'un bon historique de crédit Bonne réputation parmi ses pairs Accès à la formation, à l'épargne ou à d'autres services proposés par le programme Accès aux conseils des agents de crédit Récompenses ou primes décernées pour la ponctualité des remboursements Réduction du taux d'intérêt pour les deuxième/ troisième prêts	Dépenses plus faibles si les remboursements d'intérêts ne sont pas effectués Maintien du capital (ou de la portion restant due) du crédit dans l'activité menée ou possibilité d'utilisation à d'autres fins Moins de déplacements jusqu'à le SFD pour effectuer les remboursements Coûts de transaction lies aux réunions obligatoires et autres activités du SFD plus faibles Peut ne pas avoir à rembourser du tout si le coût du non remboursement est faible
C O Û T S	Versement du capital et des intérêts du crédit en cours Temps et coûts de transport pour effectuer les Remboursements Coûts d'opportunité	Pénalités de retard Ajournement ou perte de l'accès aux crédits futurs Éventuelles actions en justice et coûts induits Perte possible de la garantie Perte de l'accès à d'autres services du programme Désagrément des visites fréquentes des agents de crédit Désagrément lié à la pression des membres

Auteur : Kawele Kouadio- Économiste de développement- expert analyse crédit
Email : kawele86@gmail.com- Téléphone : +22549540122

PROBLEMATIQUE DU COUT DU CREDIT

Couts financiers
+Couts de transaction
+Couts d'opportunité
= TOTAL DES COUTS DE L'EMPRUNT

DEFI :
Minimiser les couts de transaction et d'opportunité qui ne profitent ni à l'emprunteur, ni au prêteur

DU POINT DE VUE DU PRETEUR

Charges d'exploitation
+ charges financières
+ Provisions pour créances douteuses
= TOTAL DES COUTS DU CREDIT

DEFI :
Réduire les charges d'exploitation et devenir plus efficace pour offrir un meilleur service et être compétitif

Eléments clés pour la prévention des impayés :

- **Comprendre les causes** du problème avant de rechercher des solutions
- **Prévenir** vaut mieux que guérir
- **Méthodologie**
  - ◆ Sélection des emprunteurs
  - ◆ Montant et conditions des crédits
  - ◆ Incitations

- **Systèmes d'information**
  - ◆ Données fiables, précises et à jour
  - ◆ Niveau de détail adapté à l'utilisateur (Chef d'agence, direction, agents de terrain)
  - ◆ Diffusion pertinente et rapide
  - ◆ Rentabilité en termes de coûts

5- MESURES A PRENDRE A TITRE PREVENTIF

La prévention est un moyen d'éviter les impayés :
La bonne connaissance des clients, en particulier ceux qui représentent une part importante
e vote chiffre d'affaires, ou qui travaillent régulièrement avec vous, est indispensable.

Auteur : Kawele Kouadio- Économiste de développement- expert analyse crédit
Email : kawele86@gmail.com- Téléphone : +22549540122

Demandez un acompte à la commande, à chaque fois que cela est possible pour limiter votre prise de risque.

Vous pouvez également **vous adresser à une société spécialisée pour obtenir des renseignements commerciaux** sur une entreprise avec laquelle vous souhaitez entrer en relation. Vous obtiendrez généralement les principales données de son bilan et compte de résultat, ses éventuels défauts de paiement.

Si vous êtes commerçants, et que vous acceptez un règlement par chèque, vous pouvez **consulter le FNCI** (Fichier national des Chèques irréguliers) et ainsi connaitre le sort du chèque (perdu, volé, …) avant de l'accepter et livrer la marchandise. Pour accéder à ce service, vous devez louer ou acquérir un lecteur de chèque et adhérer à ce fichier national.

Pour le secteur bancaire spécifiquement :

La bonne connaissance des clients : en particulier la clientèle d'entreprises (Recours au dispositif de contrôle du blanchiment des capitaux et de financement du terrorisme)

Demandez une épargne obligatoire ou un dépôt caution en garantie des Crédits, à chaque fois que cela est possible pour limiter votre prise de risque.

Vous pouvez également vous adresser à une société spécialisée pour obtenir des renseignements commerciaux sur une entreprise avec laquelle vous souhaitez entrer en relation (voir antécédents bancaires), **ou consulter le** BIC (bureau d'information sur le crédit).

Facteurs incontrôlables dans la gestion des impayés :

Catastrophes naturelles : Tremblements de terre, incendies, inondations, sécheresse entraînant des ravages dans l'économie et dans les activités des micro entrepreneurs

Changements de politique gouvernementale : Mesures à l'encontre des vendeurs de rue, nouvelle taxe, etc..

Crise individuelle : Une maladie ou un décès qui plonge la famille dans une situation économique très difficile

Situation économique locale, nationale et mondiale :

Même les petits commerçants sont souvent dépendants de produits importés

Ce type de facteurs demande une prise en compte et un suivi constants. Bien que l'institution ne puisse pas les maîtriser, ils peuvent influer sur la qualité du portefeuille et l'Institution doit être capable de les neutraliser par sa conception, sa méthodologie et ses procédures de recouvrement.

Auteur : Kawele Kouadio- Économiste de développement- expert analyse crédit
Email : kawele86@gmail.com- Téléphone : +22549540122

Contrôler les impayés et Gérer une crise de recouvrement :

Titre	Messages clés
Contrôler les impayés	- **Les emprunteurs ont un comportement rationnel basé sur un calcul (avantages/coûts)** - **Le rééchelonnement et le refinancement / consolidation, sont des gymnastiques financières non recommandables** - **Un bon Système d'Information (SIG) est vital pour la prévention de la défaillance**
Gérer une crise de recouvrement	- **Il est nécessaire de comprendre les causes des problèmes des impayés avant de rechercher les solutions** - **Prévenir vaut mieux que guérir**

6- ACTIONS COMMERCIALES ET PROCEDURES DE RECOUVREMENT

a- Actions commerciales

Comportement à tenir face à un impayé

Vous adapterez votre action en fonction de l'importance de votre client et des sommes qu'il vous doit.

Vous tiendrez compte notamment du volume de chiffres d'affaires qu'il représente, de vos relations commerciales antérieures, mais aussi des relations commerciales futures que vous souhaitez ou non conserver.

Différentes solutions existent pour recouvre votre créance, vous avez le choix entre :
- Engager une action commerciale ;
- Ou utiliser des procédures de recouvrement.

Engagement d'une action commerciale

Vous pouvez décider de poursuivre les relations avec votre client :
- Si vous entretenez de bons rapports commerciaux avec lui ;
- S'il s'agit d'un incident à priori ponctuel et /ou d'un montant limité

Vous allez tout d'abord contacter votre client afin de l'informer de la survenance de cet impayé et lui demander les raisons de cet incident. Vous pouvez convenir avec lui de modalités de remboursement amiable.

NB : vous aurez à supporter le manque de trésorerie que provoque cette échéance impayée ; révisez alors votre tableau prévisionnel de trésorerie, afin de vous assurer que vous avez les moyens financiers de faire face ou d'honorer vos propres engagements à court terme.

Auteur : Kawele Kouadio- Économiste de développement- expert analyse crédit
Email : kawele86@gmail.com- Téléphone : +22549540122

b- Procédures de recouvrement

Vous avez finalement décidé e rompre les relations avec votre client et allez mettre en place des actions **UTILISER** de recouvrement.

Il existe deux (2) types d'actions :
Des actions de recouvrement amiable
Des actions de recouvrement judiciaire

- Les actions de recouvrement amiable

Lettre de relance
La lettre de relance revêt un caractère non-contentieux.
Rédigée de manière courtoise, ce courrier permet de faire remarquer à votre client que le concours que vous lui avez accordé enregistre un (des) impayée(s).
Elle peut être envoyée par courrier simple et ne constitue pas un préalable obligatoire à une future action de recouvrement contentieux.
Cette lettre fait état du retard de paiement ou de l'impayé et du montant concerné. A cette occasion, vous pouvez proposer une voie amiable pour sortir de cette situation- par exemple un nouveau délai de règlement.
Généralement, lettre n'entraine ni frais, ni pénalités pour le client.

Mise en demeure de payer
Cette lettre constitue une sommation de payer et peut également servir de date de départ au calcul des intérêts de retard sur le montant impayé en cas de procédure contentieuse.
La lettre mise en demeure précise la somme due et une nouvelle date de règlement.
Il est fortement conseillé d'adresser cette lettre sous forme **recommandée avec accusé de réception**. Pour lui donner un caractère plus formel, cette lettre peut également être présentée par un Huissier de justice. A défaut de règlement, vous pouvez entamer les actions de recouvrement judiciaire décrites, ci-après.

- Les actions de recouvrement judiciaire

Ces procédures peuvent être mises en place si :
La créance existe réellement, c'est-à-dire qu'elle peut être justifiée par un contrat, un bon commande, une facture, un effet de commerce
Le montant est déterminé
La créance est échue.

Injonction de payer
Cette action est rapide et peu onéreuse.
Les démarches pour obtenir une injonction de payer sont à effectuer auprès du Greffe du tribunal Compétent.

Auteur : Kawele Kouadio- Économiste de développement- expert analyse crédit
Email : kawele86@gmail.com- Téléphone : +22549540122

Le juge du tribunal transmet alors une **ordonnance d'injonction de payer** à un Huissier qui se rendra au domicile du débiteur pour lui signifier cette décision.

Le débiteur peut soit payer, soit formuler une opposition à cette injonction de payer pour une raison qu'il doit justifie.

Auteur : Kawele Kouadio- Économiste de développement- expert analyse crédit
Email : kawele86@gmail.com- Téléphone : +22549540122

Assignation en paiement

L'assignation en paiement est une procédure plus complexe qui nécessite l'intervention d'avocats.

Cette assignation doit être présentée devant un tribunal compétent, par un acte d'huissier au débiteur.

Elle oblige votre client à se présenter devant le Tribunal afin d'y exposer ses arguments. Si la procédure aboutit, le juge peut délivrer un titre exécutoire qui oblige le débiteur à régler sa dette.

CONFIER LE RECOUVREMENT DES IMPAYES A DES SPECIALISTES

Le recours à un cabinet spécialisé

Vous pouvez faire appel à un cabinet de recouvrement spécialisé pour recouvrer votre créance.

Sous votre mandat, ce prestataire agira au mieux de vos intérêts et vous facturera son intervention.

La souscription d'une assistance juridique

Si vous avez souscrit un contrat d'assistance juridique auprès d'une compagnie d'assurances,

vous pouvez lui remettre votre impayé à des fins de recouvrement.

NB : certains contrats d'assistance juridique incluent le recouvrement des créances impayées, alors que d'autres ne couvrent que les frais de procédures ou la prise en charge du montant de l'impayé.

7- LES CONSEQUENCES DES IMPAYES SUR LA TRESORERIE

Les prêts impayés peuvent peser sur votre trésorerie, risquant même d'entrainer pour votre établissement, le recours à un découvert bancaire avec les conséquences qui en découlent (frais bancaires, risque de rejet de chèques émis, ...).

Ce manque de trésorerie peut aussi occasionner un ralentissement de votre activité si vous aviez prévu d'utiliser ces fonds pour honorer vos engagements à court terme et même pour débloquer de nouveaux prêts au profit d'autres clients.

En toutes choses, contacter rapidement votre conseiller clientèle « bancaire » pour étudier une solution adaptée à votre situation.

Auteur : Kawele Kouadio-Économiste de développement-Expert Analyse crédit
Email : kawele86@gmail.com –Téléphone :+22549540122

Cet ouvrage est élaboré pour fournir aux institutions de microfinance les mesures à prendre pour mener à bien leurs activités. Il explique les principales activités de ces institutions en octroyant des techniques pour la réussir ensuite il met en exergue les risques liés à leurs activités en donnant des outils et techniques pour atténuer ces risques et enfin il donne les techniques de recouvrement pour faire face aux impayés.

Auteur : Kawele Kouadio-Économiste de développement-Expert Analyse crédit
Email : kawele86@gmail.com –Téléphone :+22549540122

www.ingramcontent.com/pod-product-compliance
Lightning Source LLC
Chambersburg PA
CBHW020604220526
45463CB00006B/2450